児童虐待時代の社会的養護

鈴木 崇之

学文社

はじめに

　1992年4月に筆者が児童福祉の世界に足を踏み入れてから，気がつけば20年以上が経過してしまった。

　初めての夜勤の日を，今でも鮮明に憶えている。入院治療が必要となったシングルマザーの子どもである3人きょうだいの単純養護ケースと，高校を中退して措置変更となり養護施設から一時保護所に戻ってきた男の子がひとり。4人の子どもたちと夜間指導員見習いの筆者を含めた3人の大人が，ひとつのテーブルで団欒を楽しみながら夕食をとった。1990年代序盤のこの頃は，東京近郊の政令指定都市の一時保護所でも，まだのんびりとした空気感があった。

　しかし，そんな雰囲気が跡形もなく崩れ，昨今のように一時保護所が被虐待児で満床状態になるまでには，それほど多くの時間を要さなかった。

　筆者は，本書の標題に「児童虐待時代」という用語を使用した。「児童虐待時代」をあえて厳密に定義する必要も感じていない。しかし，日本の都市部では，2000年の児童虐待防止法施行に先立つ1990年代中・後半には「児童虐待時代」と呼んで良いような，それ以前の「日本の児童福祉」の時間の流れとは根本的に違った時代の波が押し寄せていたように思う。

　学部学生，大学院生として大学に通いながら，筆者は児童相談所の嘱託職員として現場に関わってきた。「児童相談所が不要になる時代になって欲しい」「どんな子どもも社会の希望の光に照らされ，自らが生きる意味を実感しながら生きていって欲しい」「非血縁の子どもたちと疑似家族関係を築くことができる，この仕事のやりがいをもっと多くの人たちに伝えたい」，そんな想いを胸に，現場と密接な距離を保ちながら，2000年からは大学の教員として，そして研究者として活動してきた。

　「児童福祉」の世界との関わりをもち始めてから20年の時を経たが，筆者は，この歩みの中で，想いをわずかでも形にすることができたのだろうか。

院生時代は，児童相談所や施設養護における子どもとの関わりを研究テーマにするために，研究方法論を模索して，悩み続けた。何らかの理由で家族と暮らせない子どもの生活を，さまざまなトラブルが生じないように研究倫理上の問題をクリアすることは非常に困難である。

　悩み続けているうちに，児童福祉の歴史について書く機会をいただいたり，児童福祉のシステムについて書く機会をいただいたり，最大限のリアリティを込めつつもどこか作りものになってしまっている仮想事例を書き続けることとなった。まとまりのなさはまだまだ残っているが，上記のような想いを抱きながら執筆してきた集積の結果が，本書である。コンパクトに整えられたテーマを，洗練された研究手法で分析した論文集とは，まったく正反対のしろものである。

　家族から引き離された子どものリアリティを描くことのむずかしさ，ちょっと踏み込んだ記述をしようとすれば法制度との兼ね合いをキチンと位置づけなければならないという独特の煩雑さ，そして何よりもどこまでつき進んでも理解しきれた気になることができない底知れない分野の幅広さが，児童福祉，社会的養護の世界にはある。

　凡才がそんなむずかしい世界に立ち向かおうとして，向き合いきれずにもがいてきた。その様子を記録したものだと思って，内容の未熟さを寛恕いただけたら幸いである。

　本書の刊行にあたって，2014 年度東洋大学ライフデザイン学部出版助成を受けた。記して感謝の意を表したい。

2015 年 3 月　　　　　　　　　　　　　　　　　　　　鈴木　崇之

目　次

第1章　社会的養護の理念と概況　　　　　　　　　　　　　　　　　　　1

1　「養護」という用語の意味　*2*
そもそも「養護」とは何か　*2*／　マズローの欲求階層理論から理解する「養護」の本質　*4*／　子どもの「自己実現欲求」の支援に向けて　*7*

2　社会的養護の基本理念と原理　*8*
社会的養護の「基本理念」とは　*8*／　社会的養護の「原理」とは　*8*

3　「施設養護」「家庭的養護」「家庭養護」の新たな枠組み　*12*

4　社会的養護の概況　*14*
施設数，里親数，児童数等　*14*

　　コラム1　芹沢俊介の「イノセンス論」　*17*

第2章　子どもの養護の歴史と現状　　　　　　　　　　　　　　　　　　21

1　子どもの養護の黎明　*22*
日本最古の児童保護事業―仏教思想を背景とした慈善事業―　*22*／　日本におけるキリスト教児童保護事業の黎明　*23*

2　明治時代（1868～1912）の児童保護事業　*23*
明治初期の児童保護関連施策　*23*／　瓜生岩と東京市養育院　*24*／　石井十次と岡山孤児院　*26*／　石井十次の実践の特徴　*27*／　留岡幸助と家庭学校　*29*／　保護を要する子どもに関するホワイトハウス会議　*29*

3　大正期（1912～1926）～終戦（1945）までの児童保護事業　*30*
近代化の光と影―児童労働の問題―　*30*／　大正期から終戦までの児童保護関連法　*30*／　太平洋戦争への歩み　*31*／　施設の子どもたちとともにガス室に入った孤児院長・J. コルチャック　*32*

4　戦後（1945～）の児童養護　*33*
戦災孤児に対する保護　*33*／　児童福祉法の制定　*33*／　ホスピタリズム論争　*34*／　永続性計画（パーマネンシー・プランニング）　*35*

5　子どもの養護の現状—日本における児童虐待時代の到来—　*35*
     入所児童数の低下と養護施設不要論　*35*／　「家庭養護」へのシフト　*36*
    6　歴史から学ぶ子どもの養護の鍵　*37*

第3章　社会的養護の制度と法体系　*41*

    1　社会的養護の制度の根幹—措置制度—　*42*
     「社会福祉基礎構造改革」と社会的養護　*42*／　児童福祉法と措置制度　*42*／　「措置制度」の背景にあるパレンス・パトリエの考え方　*44*／　パレンス・パトリエと子どもの権利擁護　*45*
    2　社会的養護の基本法—児童福祉法—　*46*
     児童福祉法の原理　*46*／　児童福祉法においてなされている基本的定義—社会的養護に関連する部分—　*47*／　児童福祉法の近年の改正点　*49*
    3　社会的養護に関するさまざまな関連法規　*50*
     児童虐待の防止等に関する法律　*50*／　児童福祉施設の設備及び運営に関する基準　*50*／　里親が行う養育に関する最低基準　*52*

第4章　社会的養護の仕組みと実施体系　*53*

    1　社会的養護の基本的な仕組み　*54*
     児童相談所の役割　*54*／　児童相談所から社会的養護への経路　*54*／　施設および里親への措置　*56*／　「措置変更」の問題　*57*／　リービングケアとアフターケア　*58*
    2　社会的養護の実施体系　*59*
     社会的養護の概況　*59*／　里　親　*59*／　乳児院　*60*／　児童養護施設　*61*／　情緒障害児短期治療施設　*61*／　児童自立支援施設　*62*／　母子生活支援施設　*62*／　自立援助ホーム　*63*／　障害児入所施設　*63*
    3　社会的養護に関する実施体系の将来　*63*
     被虐待児の増加と職員等の専門性の向上　*63*／　家庭養護のさらなる推進と今後の課題　*65*

        コラム2　「こうのとりのゆりかご」に入れられた子どもはその後どうなるのか？　*67*

第5章　児童福祉司のロールモデル—野本三吉と川﨑二三彦— 71

1. 児童福祉司の仕事 72
2. 野本三吉—「共に悩む同世代人」としての児童福祉司実践— 73
3. 川﨑二三彦—「機関の役割」に内在しながらの児童福祉司実践— 77
4. 野本三吉と川﨑二三彦の「ソーシャルワーク観」の比較検討 81

　　コラム3　ライフヒストリーを読む／ライフヒストリーを創る 85

第6章　事例とともに理解する社会的養護への措置 89

1. 児童相談所の措置機能と児童相談所一時保護所における支援 90
   児童相談所一時保護所とは 90／　児童相談所一時保護所における援助の基本 90／
   事例：児童福祉施設措置に不安を訴える子どもを支える一時保護所職員 91／
   児童相談所一時保護所の問題点 94
2. 児童養護施設への措置と被措置児童の家族への支援 95
   事例の概要 95／　支援計画立案のためのアセスメント 96／　支援計画に基づく援助内容と記録 97／　事例の結果 98／　事例のこれからの課題と支援方法の課題 99
3. 児童自立支援施設へ措置された少年に対する支援 100
   「非行」とは何か 100／　「非行」児童の定義 100／　「非行」児童の処遇の流れ 102／　「非行」化の要因は何か 105
4. 母子生活支援施設を活用した母子支援 107
   母子生活支援施設とは 107／　事例の概要 107／　事例の展開 108
5. 里親家庭の子どもと里親への支援 113
   里親家庭の子どもと里親のニーズ 113／　事例（模擬）の概要 113／　事例のアセスメント 113／　事例の支援の過程 114／　事例の結果の確認と関わりの振り返り 115／　事例のこれからの課題と支援方法の課題 116

第7章 被措置児童の「教育福祉」と「措置変更」の問題　　119

1　児童相談所一時保護所——家族から分離された子どもの最初の居場所における学習権保障——　120
2　児童養護施設——地域の学校に通学可能な児童福祉施設における学習権保障の問題——　124
3　児童自立支援施設——子どもの自立を支えるための学習権保障とは？——　129
4　措置変更される子どもたち——充溢するケアシステムの光と影——　135

　　コラム4　地震・津波・放射性物質汚染の三重苦の中から——福島県下の児童養護施設における被災直後の対応状況と現状そして課題　141

第8章 求められている養育・支援者の資質と役割　　147

1　社会的養護の養育のあり方の基本における養育者・支援者の資質・役割　148
　「児童養護施設運営指針」や「里親及びファミリーホーム養育指針」における養育者・支援者の資質・役割　148／「児童養護施設運営指針」「里親及びファミリーホーム養育指針」から読み取る「求められている養育・支援者の資質」　150
2　施設養護の担い手に求められる資質と役割　152
　保育士・児童指導員の資質と役割　152／　心理療法担当職員の資質と役割　153／　家庭支援専門相談員の資質と役割　156／　医療職（医師・看護師）の資質と役割　156／　調理員・栄養士の資質と役割　157／　施設長の資質とリーダーシップ　158
3　家庭養護の担い手に求められる資質と役割　158
4　社会的養護従事者へ求められるこれから　159

第9章　中山間地域における市町村要保護児童対策地域協議会の現状と課題　—福島県会津児童相談所管内を例として—　*161*

1　目的と課題　*162*
　　目　的　*162*／　これまでの研究経過　*163*
2　市町村要保護児童対策地域協議会とは何か　*164*
　　市町村要保護児童対策地域協議会法定化までの流れ　*164*／　市町村要保護児童対策地域協議会の対象　*167*／　市町村要保護児童対策地域協議会の方法—子ども家庭福祉相談におけるケースマネジメント—　*167*
3　市町村要保護児童対策地域協議会の状況　*170*
　　全国における市町村要保護児童対策地域協議会の状況　*170*／　全国における市町村子ども相談担当部署と市町村要保護児童対策地域協議会との関係　*173*／　会津管内における市町村要保護児童対策地域協議会の状況　*174*
4　会津管内における市町村要保護児童対策地域協議会の課題　*177*
　　全国における市町村要保護児童対策地域協議会の課題　*177*／　会津管内における市町村要保護児童対策地域協議会の課題　*178*
5　会津管内における市町村要保護児童対策地域協議会の課題への対応　*181*
　　福島県虐待対応専門員としての筆者の活動　*181*／　市町村児童相談体制強化支援アドバイザーとしての筆者の活動　*183*
6　今後のケースマネジメント　*185*

　　初出一覧　*189*
　　むすびにかえて　*191*
　　索　引　*193*

第1章　社会的養護の理念と概況

●ねらい●

　本章ではまず,「養護」という言葉の意味内容について学ぶ。さまざまな場面で耳にする「養護」という言葉であるが,特に児童分野における「養護」は明治期における「健康を増進させる働きかけ」という意味での使用に遡及することができる。

　その後,第二次世界大戦前には「教育」の前提となる「心身の土台作り」という意味合いが色濃くなっていく。

　第二次世界大戦後,児童福祉法が施行されると戦前の孤児院に代わる名称として「養護施設」という用語が使用されるようになったが,この背景には戦前から続く「養護」の本質が反映されていると理解することができる。

　心理学者マズローの欲求階層理論は,基礎的な欠乏欲求の上に成長欲求が位置づけられることを示した。社会的養護を必要とする子どもの中には,「生理的欲求」の保障さえなされていない子どもも存在する。したがって,個々の子どもに必要となる欲求階層の充足が図りつつ,それぞれの自己実現の支援が目指されなければならない。

　このような「発達の保障と自立支援」を含む6点の原理が,2012（平成24）年に発出された「児童養護施設運営指針」に定められている。

　同じく2012年には,「社会的養護」を構成する「施設養護」（主に施設におけるケアの形態）と「家庭養護」（里親・里親ファミリーホーム等におけるケアの形態）に関する用語の整理が行われた。

　2014（平成26）年のデータでは,社会的養護を必要とする子どもの数は約4万6千人。その中で,施設養護のもとに措置されている子どもが約4万人強,家庭養護では6,000人弱となっている。

1 「養護」という用語の意味

❖ そもそも「養護」とは何か

「養護」は社会的養護の文脈のみならず、教育分野の「養護教諭」や「養護学校（現・特別支援学校）」、さらには高齢者福祉分野における「養護老人ホーム」「特別養護老人ホーム」でも使用されている概念である。

よく耳にする用語であるといえるかもしれないが、そもそも「養護」とは何なのかと考えると、なかなか「○○である」と明確に定義するのは難しい用語であることに気づかされる。

ここではまず、保育領域で論じられている「養護」の概念について確認していくことにしたい。

2007（平成19）年3月27日に開催された、厚生労働省雇用均等・児童家庭局が実施した検討会のひとつである第6回「『保育所保育指針』改定に関する検討会」では、「保育」「教育」「養護」の関係を簡潔に整理した図1-1が参考資料として提示された。

本資料では、「保育の特性」は「養護」と「教育」の一体性にあることが示された。「教育」は「生涯にわたる人間形成の基礎づくりへ向けて、健全な心身の発達を助長する機能」と定義されており、一方で「養護」は「子どもが安定した生活を送るために必要な基礎的事項（生命の保持と情緒の安定）を得させる機能」と、定義されている。

この図を数式に置き換えると「保育」＝「養護」＋「教育」というふうに表すことができるであろう。

それでは、この数式を展開させてみたい。すると、「養護」＝「保育」－「教育」という数式ができる。つまり、「養護」は「保育」から「教育」を抜いたものであるとイメージすることができる。

この数式はあながち的外れなものではなく、むしろ「養護」の本質的な理解を促進させるものだと考えることができる。

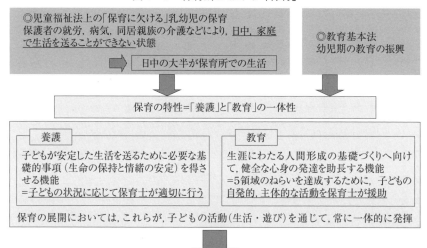

図1-1　保育所における「保育」

出所）厚生労働省（2007）「第6回『保育所保育指針』改定に関する検討会」資料

　そもそも「養護」とは，明治時代にドイツの教育学者ヘルバルト（Herbart, J. F.）の考えに影響されたヘルバルト派の教育学が日本に紹介された際，「Pflege（フレーゲ）」というドイツ語の訳語として充てられたのが始まりだとされている。当初，「養護」は「主に健康を保持増進させる働きかけ」の意味で使用されていたと言われている。

　これが第二次世界大戦前の時代に至ると，「養護」は「一般養護」と「特別養護」という2種類の意味に分けて使用されるようになった。

　「一般養護」とは，現代でいう「体育」とほぼ同義のもので，特に欧米列強との戦争の際に負けることのないように「国民体位の向上」を目指して強化されていった。一方，「特別養護」とは病弱・虚弱等の理由により通常の教育を行うことが困難な子どもに対する特別な援助のことを指していた。

　戦後になると，上記の「特別養護」の概念が，子どもの健康管理と健康教育

を行う「養護教諭」、そして障がいのある子どもに対する特別な教育支援を行う「養護学校」「養護学級」という形で残された。

一方、児童福祉の分野では、戦後の児童福祉法立法作業の中で「孤児院」に代わる名称として「養護施設」という用語が充てられた。

1947（昭和22）年の「児童福祉法案逐条説明」の資料によれば、「養護施設」の「養護」は「養育保護の意味であり、学校教育は、はいらない」とされている。この説明から、「養護」は単純な「養育保護」の略語というよりも、「何らかの理由によって家族と共に暮らすことができず、そのために教育を受けられる状態にない」子どもたちに対して「教育」の前提となる「心身の土台作り」を行うという、戦前から続く「養護」の本質を反映するものとして使用されたことが理解できる。

児童福祉法が施行された1948（昭和23）年当時、街にはたくさんの戦災孤児が溢れていた。児童福祉法には第1条において「すべて児童は、ひとしくその生活を保障され、愛護されなければならない」と述べられており、また第2条において児童の健全育成に関する国および地方公共団体の責任が明記されている。内容的には不十分なものだったが、しかし曲がりなりにも戦後の日本は国および地方公共団体の責任において、子どもたちに対する「養護」に着手したのであった。

このように、国家および地方公共団体の責任として、何らかの理由によって家族と共に生活することができない子どもたちに家庭の代替となる生活の場を提供することが、「社会的養護」の「社会的」の意味なのである。

❖ マズローの欲求階層理論から理解する「養護」の本質

「養護」は「教育」の前提となる「心身の土台作り」を意味する用語であるという考え方を、心理学者マズロー（Maslow, A. H.）の欲求階層理論を援用しながら、考察していこう。

マズローは、人間の欲求を5つの階層に区分して論じた（図1-2）。

人間の欲求の最も基本的な部分に位置づくものを，マズローは「生理的欲求」と名づけた。これは，食欲，排泄欲，睡眠欲など，生命を維持するために人間にとって必要な必要最低限の生理的な欲求のことを示している。

これに次ぐものとして，マズローは「安全と安心の欲求」を位置づけた。これは安全で安心できる居住環境への欲求，予測可能で秩序だった生活水準を得たいという欲求から，戦争や災害から守られて暮らしたいという思いまでが含まれる。

これらの欲求の上に，マズローは「所属と愛の欲求」を位置づけた。これは家族や学校・社会等の中で何らかの集団に所属したり，「他者から受け入れられている」という感覚への欲求である。これが満たされていない場合，人間は孤独感や社会的な不安を感じやすくなるとマズローは指摘している。

この欲求の上位に位置づくものとして，マズローは「承認欲求」を挙げている。これは，自分が所属する集団の中で「価値のある存在」として認められたいという欲求のことを指している。

図1-2　マズローの欲求階層理論

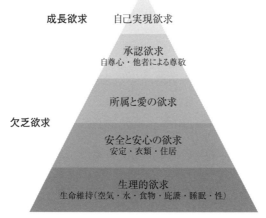

出所）小木曽宏, 宮本秀樹, 鈴木崇之（2013）『よくわかる社会的養護内容［第2版］』ミネルヴァ書房：130.

ここまでの欲求の段階を総称して、マズローは「欠乏欲求」、つまり足りないものを求める性質の欲求としている。そしてマズローは、これらの欠乏欲求が一定程度満たされてはじめて、この上位に位置づく「自己実現欲求」が現れると論じた。
　「自己実現欲求」とは、自らの持つ能力や可能性を十分に発揮していきたいという欲求である。
　マズローの欲求階層理論を踏まえると、5つの段階の土台を構成する「生理的欲求」と「安全と安心の欲求」の充足が、まずは最重要となることが理解できる。
　たとえば、ネグレクトを主訴として児童相談所が一時保護する子どもの中には、年齢相応の発達を保障することができないような栄養状態のもとに置かれる子どもも少なくない。あまりの栄養状態の悪さに緊急入院が必要な子どもも存在する。つまり、生命維持のために必要な「生理的欲求」の保障がされていない状況にある子どもたちが、現代日本であっても存在するということである。
　また「安全と安心の欲求」の充足に関しては、たとえば2004（平成16）年度に実施された児童虐待防止法の改正によって子どもが親のDVを目撃することも「心理的虐待」の一種と位置づけられたように、自分が育つ家庭において「安全と安心」を感じることができない子どもを保護する手立てがさらに必要とされている。
　したがって社会的養護においては、「生理的欲求」と「安全と安心の欲求」の充足の保障が、まずは目指されねばならないといえる。
　マズローの欲求階層理論の中位に配置されているのが「所属と愛の欲求」、そして「承認欲求」である。
　施設養護によくある場面を例にしてみていこう。たとえば、幼稚園児や小学校低・中学年の子どもなどは、施設に戻ってくると真っ先に職員の元に駆け寄って、幼稚園や小学校でやったことを話してくる。また、思春期の中学生や高校生も、適度な距離を取りながらも、職員と話ができる機会をうかがってい

ることが多い。

　施設の職員たちは，子どもたちの話を傾聴しながら，施設外の集団における適応状況を把握していく。また，トラブルになりそうな場合にはアドバイスを行い，対人関係の危機を乗り越えていけるように援助を行っている。

　また，実習生などが初めて施設に来た時に，子どもたちが施設内におけるさまざまな役割を担っていることに驚くことがよくある。「一般の家庭ではここまではさせない」という役割などが存在することも事実であるが，施設の中での「血縁の無い家族関係」の中で一定の役割を担うことができることを子どもが誇りに思ったり，いったん担った役割を責任をもって遂行することの大切さを学ぶための良い機会にもなっているのである。

　職員から，そして入所児童同士で受け入れあい，認め合うという過程を経て，子どもたちは「所属と愛の欲求」と「承認欲求」を満たしていく。

❖ 子どもの「自己実現欲求」の支援に向けて

　社会的養護全体に共通する大きな課題は，「子どもたちの自己実現を支援すること」であるといっても過言ではない。

　しかしながら，マズロー自身も「この段階にまで到達することは簡単ではない」と論じているように，社会的養護の現場では，この段階に目を向けられるようになるまでの「欠乏欲求」をどのように満たしていくかで四苦八苦しているというのが現状である。

　「こんな施設に来たくなかった，施設生活には嫌な思い出しかない」という子どもは十分に欠乏欲求が満たされなかったケースだといえる。

　出し方は全く逆だが，「ずっとここに居たい，社会に出るのが怖い」というのもまた，欠乏欲求が満たされなかったケースといえるであろう。

　「自分の能力を発揮できる仕事をして，たまには先生の顔を見に施設にも遊びに来るよ」と施設を巣立つ子どもが言えるように，子どもの自己実現の過程を長期的に展望しながら，施設職員は日々子どもの生活支援をしているのである。

2　社会的養護の基本理念と原理

　本節では，社会的養護の「基本理念」と「原理」について概観していくこととしたい。

　社会的養護の「基本理念」および「原理」は，2012（平成24）年3月に発出された厚生労働省雇用均等・児童家庭局長通知「児童養護施設運営指針」にて説明がされている。

❖ 社会的養護の「基本理念」とは

　「児童養護施設運営指針」では，社会的養護の「基本理念」は「子どもの最善の利益のために」および「すべての子どもを社会全体で育む」の2点とされている。

　「子どもの最善の利益のために」は，児童福祉法第1条の「すべて児童は，ひとしくその生活を保障され，愛護されなければならない」という規定，および児童憲章における「児童は，人として尊ばれる。児童は，社会の一員として重んぜられる。児童は，良い環境の中で育てられる」という文言，そして児童の権利に関する条約第3条の「児童に関するすべての措置をとるに当たっては，児童の最善の利益が主として考慮されるものとする」という規定を踏まえ，「社会的養護は，子どもの権利擁護を図るための仕組みであり，『子どもの最善の利益のために』をその基本理念とする」と説明されている。

　次に「すべての子どもを社会全体で育む」は，児童福祉法第1条および第2条に規定された子どもの健全育成における国民の努めと国および地方公共団体の責任，そして社会的養護を子どもの権利として位置づけた児童の権利に関する条約第20条を踏まえた上で，基本理念のひとつとして説明されている。

❖ 社会的養護の「原理」とは

　「児童養護施設運営指針」において，社会的養護の「原理」は「家庭的養護

と個別化」「発達の保障と自立支援」「回復をめざした支援」「家族との連携・協働」「継続的支援と連携アプローチ」「ライフサイクルを見通した支援」の6点の考え方で行うと説明されている。

6点の原理およびその解説について,以下に「児童養護施設運営指針」から引用する。

---

① 家庭的養護と個別化
・すべての子どもは,適切な養育環境で,安心して自分をゆだねられる養育者によって,一人一人の個別的な状況が十分に考慮されながら,養育されるべきである。
・一人一人の子どもが愛され大切にされていると感じることができ,子どもの育ちが守られ,将来に希望が持てる生活の保障が必要である。
・社会的養護を必要とする子どもたちに「あたりまえの生活」を保障していくことが重要であり,社会的養護を地域から切り離して行ったり,子どもの生活の場を大規模な施設養護としてしまうのではなく,できるだけ家庭あるいは家庭的な環境で養育する「家庭的養護」と,個々の子どもの育みを丁寧にきめ細かく進めていく「個別化」が必要である。

② 発達の保障と自立支援
・子ども期のすべては,その年齢に応じた発達の課題を持ち,その後の成人期の人生に向けた準備の期間でもある。社会的養護は,未来の人生を作り出す基礎となるよう,子ども期の健全な心身の発達の保障を目指して行われる。
・特に,人生の基礎となる乳幼児期では,愛着関係や基本的な信頼関係の形成が重要である。子どもは,愛着関係や基本的な信頼関係を基盤にして,自分や他者の存在を受け入れていくことができるようになる。自立に向けた生きる力の獲得も,健やかな身体的,精神的及び社会的発達も,こうした基盤があって可能となる。

- 子どもの自立や自己実現を目指して，子どもの主体的な活動を大切にするとともに，様々な生活体験などを通して，自立した社会生活に必要な基礎的な力を形成していくことが必要である。
③　回復をめざした支援
- 社会的養護を必要とする子どもには，その子どもに応じた成長や発達を支える支援だけでなく，虐待体験や分離体験などによる悪影響からの癒しや回復をめざした専門的ケアや心理的ケアなどの治療的な支援も必要となる。
- また，近年増加している被虐待児童や不適切な養育環境で過ごしてきた子どもたちは，虐待体験だけでなく，家族や親族，友達，近所の住人，保育士や教師など地域で慣れ親しんだ人々との分離なども経験しており，心の傷や深刻な生きづらさを抱えている。さらに，情緒や行動，自己認知・対人認知などでも深刻なダメージを受けていることも少なくない。
- こうした子どもたちが，安心感を持てる場所で，大切にされる体験を積み重ね，信頼関係や自己肯定感（自尊心）を取り戻していけるようにしていくことが必要である。
④　家族との連携・協働
- 保護者の不在，養育困難，さらには不適切な養育や虐待など，「安心して自分をゆだねられる保護者」がいない子どもたちがいる。また子どもを適切に養育することができず，悩みを抱えている親がいる。さらに配偶者等による暴力（DV）などによって「適切な養育環境」を保てず，困難な状況におかれている親子がいる。
- 社会的養護は，こうした子どもや親の問題状況の解決や緩和をめざして，それに的確に対応するため，親と共に，親を支えながら，あるいは親に代わって，子どもの発達や養育を保障していく包括的な取り組みである。
⑤　継続的支援と連携アプローチ
- 社会的養護は，その始まりからアフターケアまでの継続した支援と，できる限り特定の養育者による一貫性のある養育が望まれる。

- 児童相談所等の行政機関，各種の施設，里親等の様々な社会的養護の担い手が，それぞれの専門性を発揮しながら，巧みに連携し合って，一人一人の子どもの社会的自立や親子の支援を目指していく社会的養護の連携アプローチが求められる。
- 社会的養護の担い手は，同時に複数で連携して支援に取り組んだり，支援を引き継いだり，あるいは元の支援主体が後々までかかわりを持つなど，それぞれの機能を有効に補い合い，重層的な連携を強化することによって，支援の一貫性・継続性・連続性というトータルなプロセスを確保していくことが求められる。
- 社会的養護における養育は，「人とのかかわりをもとにした営み」である。子どもが歩んできた過去と現在，そして将来をより良くつなぐために，一人一人の子どもに用意される社会的養護の過程は，「つながりのある道すじ」として子ども自身にも理解されるようなものであることが必要である。

⑥　ライフサイクルを見通した支援

- 社会的養護の下で育った子どもたちが社会に出てからの暮らしを見通した支援を行うとともに，入所や委託を終えた後も長くかかわりを持ち続け，帰属意識を持つことができる存在になっていくことが重要である。
- 社会的養護には，育てられる側であった子どもが親となり，今度は子どもを育てる側になっていくという世代を繋いで繰り返されていく子育てのサイクルへの支援が求められる。
- 虐待や貧困の世代間連鎖を断ち切っていけるような支援が求められている。

　上記の6点の原理はどれも大切なものであるが，ここでは特に「② 発達の保障と自立支援」に注目したい。

　ここではまず，乳幼児期における愛着関係や基本的な信頼関係の形成の重要性が論じられている。そして，それを基盤として「自立に向けた生きる力の獲得」や，「健やかな身体的，精神的及び社会的発達」がなされると説明されている。

筆者が強調しておきたいのは，言語的な理解力が発展するなかで，基本的な「愛着関係」「信頼関係」を土台としながらも，子どもが自らの「生きる意味」や「存在する意味」という実存の意味を問うことが特に思春期の前後から増えるということである。

　親から離れて，社会的養護の元で暮らす子どもたちが自らの実存を肯定し，それぞれの自己実現に向かっていけるように，社会的養護の6つの原理は常に支援者に意識されていなければならないであろう。

3　「施設養護」「家庭的養護」「家庭養護」の新たな枠組み

　2011（平成23）年7月には児童養護施設等の社会的養護の課題に関する検討委員会・社会保障審議会児童部会社会的養護専門委員会とりまとめ「社会的養護の課題と将来像」が出され，新たに社会的養護の方向性が示された。

　このなかで，「社会的養護は，できる限り家庭的な養育環境の中で，特定の大人との継続的で安定した愛着関係の下で，行われる必要がある」と示された。また，「社会的養護においては，里親委託を優先して検討するべきである」ということも示された。さらに，社会的養護の整備量の将来像として，「本体施設」「グループホームや小規模グループケア」「里親及びファミリーホーム」をそれぞれ3分の1ずつにするという方向性が示された。

　また，2012（平成24）年1月に開催された「第13回社会保障審議会児童部会社会的養護専門委員会」では資料「家庭養護と家庭的養護の用語の整理について」が発表された。これまでは，里親等を「家庭的養護」と呼ぶことが多かったが，今後は里親やファミリーホーム等を「家庭養護」とし，施設養護を小規模化し，家庭的な養育環境をつくることを「家庭的養護」と呼ぶこととなった（図1-3）。

図1-3　「家庭養護」と「家庭的養護」の用語の整理

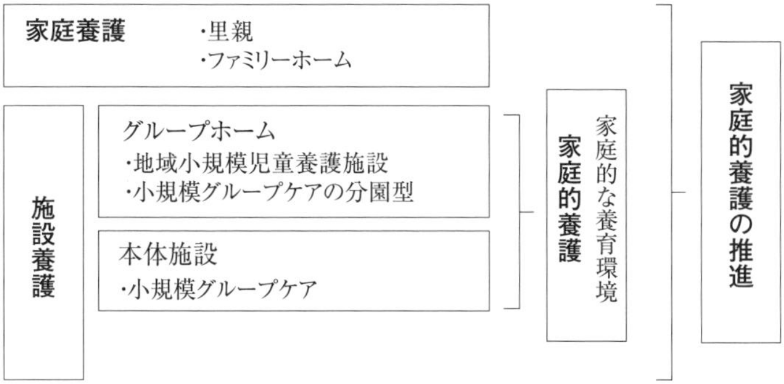

```
家庭養護  ・里親
          ・ファミリーホーム                              ┐
                                                          │  家庭的養護の推進
施設養護 ┌ グループホーム                        ┐        │
        │  ・地域小規模児童養護施設              │        │
        │  ・小規模グループケアの分園型          │ 家庭的な養育環境
        │                                        │ 家庭的養護
        └ 本体施設                              │
           ・小規模グループケア                  ┘
```

出所）厚生労働省（2012）「第13回社会保障審議会児童部会社会的養護専門委員会」資料

4　社会的養護の概況

❖ 施設数，里親数，児童数等

表1-1　社会的養護の現状（施設数・里親数・児童数等）

> 保護者のいない児童，被虐待児など家庭環境上養護を必要とする児童などに対し，公的な責任として，社会的に養護を行う。対象児童は，約4万6千人。

里親	家庭における養育を里親に委託		登録里親数	委託里親数	委託児童数	ファミリーホーム	養育者の住居において家庭養護を行う（定員5～6名）	
			9,392世帯	3,487世帯	4,578人			
	区分（里親は重複登録あり）	養育里親	7,505世帯	2,763世帯	3,498人		ホーム数	218か所
		専門里親	632世帯	162世帯	197人			
		養子縁組里親	2,445世帯	218世帯	213人		委託児童数	829人
		親族里親	471世帯	465世帯	670人			

施設	乳児院	児童養護施設	情緒障害児短期治療施設	児童自立支援施設	母子生活支援施設	自立援助ホーム
対象児童	乳児（特に必要な場合は，幼児を含む）	保護者のない児童，虐待されている児童その他環境上養護を要する児童（特に必要な場合は，乳児を含む）	軽度の情緒障害を有する児童	不良行為をなし，又はなすおそれのある児童及び家庭環境その他の環境上の理由により生活指導等を要する児童	配偶者のない女子又はこれに準ずる事情にある女子及びその者の監護すべき児童	義務教育を終了した児童であって，児童養護施設等を退所した児童等
施設数	131か所	595か所	38か所	58か所	258か所	113か所
定員	3,857人	34,044人	1,779人	3,815人	5,121世帯	749人
現員	3,069人	28,831人	1,310人	1,544人	3,654世帯 児童5,877人	430人
職員総数	4,088人	15,575人	948人	1,801人	1,972人	372人

小規模グループケア	943か所
地域小規模児童養護施設	269か所

※里親数，委託児童数は福祉行政報告例（平成25年3月末現在）
※施設数，ホーム数，定員，現員，小規模グループケア，地域小規模児童養護施設数は厚生労働省家庭福祉課調べ（平成25年10月1日現在）
※職員数(自立援助ホームを除く)は，社会福祉施設等調査報告（平成23年10月1日現在）
※自立援助ホームの職員数は厚生労働省家庭福祉課調べ（平成24年3月1日現在）
※児童自立支援施設は，国立2施設を含む

出所）厚生労働省（2014）「社会的養護の課題と将来像の取組状況（平成26年10月版）」

❖ 要保護児童数の増加

図1-4　要保護児童数の推移

> 要保護児童数の増加に伴い，ここ十数年で，里親など委託児童数は約2.6倍，児童養護施設の入所児童数は約1割増，乳児院が約2割増となる。

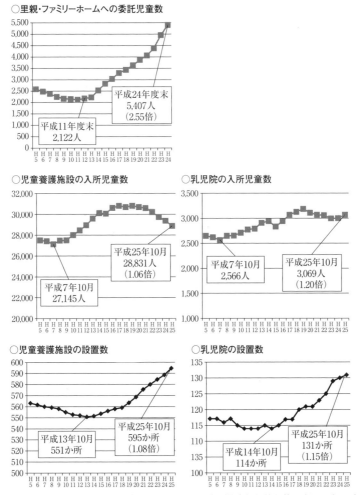

注）児童養護施設・乳児院については各年度10月1日現在（社会福祉施設等調査，平成21年度以降は厚生労働省家庭福祉課調べ）。里親・ファミリーホームについては，各年度3月末日現在（福祉行政報告例）

出所）厚生労働省（2014）「社会的養護の課題と将来像の取組状況（平成26年10月版）」

2014（平成26）年10月，厚生労働省は「社会的養護の課題と将来像の取組状況（平成26年10月版）」を発表した。

　表1-1および図1-4は本資料に掲載された，社会的養護の現状である。約46,000人の子どもたちが，社会的養護を必要としており，対象児童の特性に応じた施設に措置・委託がなされている。

　特に図1-4のグラフからは，漸減傾向を続けていた乳児院および児童養護施設の設置数が日本における児童虐待時代の到来を機に，増加傾向に転じたことが読み取れる。

　児童養護施設への入所児童数はここ数年減少傾向にあるが，里親およびファミリーホームへの委託児童数は，児童虐待防止法施行前の1999（平成11）年末の2,122人から，2012（平成24）年末の5,407人へと2.55倍もの増加率となっている。

〈参考文献〉

大谷尚子（2001）「わが国における『養護』という言葉の使われ方について」『日本養護教諭教育学会誌』No. 4（1）：100-109。

マズロー，A. H.（1954＝1987）（小口忠彦訳）『人間性の心理学――モチベーションとパーソナリティ（改訂新版）』産業能率大学出版部。

日本養護教諭教育学会編（2007）『養護教諭の専門領域に関する用語の解説集〈第一版〉』（http://yogokyoyu-kyoiku-gakkai.jp/）。

米川尚行・斉藤謙・民秋言（1986）「『養護』の概念整理――保母の職務内容に関する研究（その1）――」全国保母養成協議会『保母養成研究年報』No. 4：99-100。

児童福祉法研究会編（1978）『児童福祉法成立資料集成　上巻』ドメス出版。

コラム1

芹沢俊介の「イノセンス論」

　大学・短大や専門学校等では，社会福祉学や心理学などの授業でさまざまな理論や概念を学習する。しかし，実際に現場に出てみると，臨床現場における子どもの養育を考えるのにフィットする理論や概念は意外と少ないことに気がつく。

　そのようななかで評論家・芹沢俊介によるイノセンス論は，学問的にきっちりと打ち立てられた理論や概念ではないが，子どもの養育問題を考えるためのひとつのパースペクティヴを与えてくれる議論として社会的養護関係者の注目を集めている。

　大摑みにいってしまえば，イノセンス論とは「責任のない＝イノセントな存在」である子どもが「責任を担うことができる＝レスポンシブルな選択の主体」へと転ずるに至るプロセスに関する議論である。

　芹沢はイノセンス発生の根源を「生まれてきたという受動的現実」そのものに求め，次のように論じている。

　生まれてくる子どもは，自分の出生・親・身体や性・名前などを自ら選択することができないという幾重もの「不自由さ」を背負っている。子どもが「責任を担うことができる選択の主体」に転ずるためには，このような「根源的受動性」を自ら選びなおす作業が必要になる。このプロセスは，何重もの「不自由さ」に対する「対抗暴力」と化す。

　例えば親子喧嘩などの場面で，親が「お前みたいな子を産んだ覚えはない！」と言い，それに対して子どもが「勝手に産んだくせに！」「『産んで欲しい』なんて頼んでないのに!!」と反論するなどという経験をした人も少なくないだろう。

　このようなシーンにおいて，子どもが自らのイノセンスを主張しているのは明白である。しかし同様に，親のセリフもやはりイノセンスの表出であるといえる。なぜならば，「お前みたいな子を産んだ覚えはない！」という言葉は，「子どもが存在している＝存在させしめた」という事実から逃避しようとする気持ちの表明にほかならないからである。

　これが親子関係につきものの微笑ましいやりとりの範囲内で済んでいるうちは良いが，悪くすれば互いの存在を否定しあう暴力（言語的レベルから身体的レベルまで）の応酬に結びつくことさえある。

　そこまで行かぬまでも，一般的におとなは子どものイノセンスを否定し，責任の主体であることを自覚させることが，子どもを「責任を担うことができる選択の主体」にするための手段と思いがちである。だが，芹沢によれば，イノセンスの肯定を伴わない説得や命令は，暴力的な強制に他ならず，功を奏することはない。

芹沢が有効だとするのは，子どもがイノセンスを表出した場合，親や周囲のおとなはそれを全面的に肯定することである。表出したイノセンスを他者によって肯定的に受容されることによってはじめてイノセンスは解体され，子どもは暴力的に与えられた自らの現実――自分がこの自分であること，自分がほかならぬこの人たちと親子だということ――などという現実を受け入れられるようになるという。

　それでは，イノセンスの肯定的な受容とは，どのようにすれば可能なのだろうか？　芹沢が『現代〈子ども〉暴力論　〈増補版〉』の序文「イノセンスが壊れる時」においてあげている，里親が里子のイノセンスを受容するシーンを見てみよう。これは，いわゆる「血縁」のある親子関係では見えにくい，「子どもによるイノセンスの表出」と「おとなによるその肯定的な受容」というイノセンス解体のメカニズムを鮮明に映し出している例である。

　複雑な家族問題を背景として児童養護施設に措置されていた４歳のゆみちゃんは「私には，お父さんと，お母さんと，おじいちゃんと，おばあちゃん，お兄さんに，お姉さんがいるの」という自分だけの理想の家族物語を作っていた。里親候補の女性との見合いの翌日，ゆみちゃんは「私には，お父さんも，お母さんもいるのよ」と面会にきたその女性に言った。しかし，この時そう言われた女性はその言葉を否定することをせず，「そう。すてきね。その中に新しいお母さんも入れてほしいなあ」と返した。

　ここで里親候補の女性は，ゆみちゃんの「幻の家族物語」に参加し，かつ「新しいお母さん」を拒絶するイノセンスの表出を受け止めている。このことにより，はじめて子どもはその女性を里親として肯定的に受け入れる準備ができたのだとして，芹沢は評価している。そして，もしその女性が「あなたの言うお父さん，お母さんはあなたを捨てたのよ，だから私が唯一のお母さんなのよ，ほかにはいないのよ」などと「幻の家族物語」を壊しにかかったならば，ゆみちゃんは強く抵抗し，かえってその幻想にしがみついただろうと述べる。

　表出されたイノセンスは何らかの形で肯定的に受け止められて，はじめて解体へと至る。これがなされないと，子どもは自分が存在することの責任を引き受けることができず，成熟することができないと，芹沢は述べている。

　イノセンスの「表出・受け止め・解体」というプロセスは，本来は責任の主体ではない人間存在がどのように責任を担うに至るかという「責任論」の文脈でも注目されており，社会学者・大澤真幸（1998）は芹沢のイノセンス論を理論的に敷衍する試みを行っている。イノセンス論をさらに原理的に探求したい人は注目しておくべき議論である。

芹沢のイノセンス論を子ども家庭福祉の現場で応用し，実践するということは，「どれだけ子どもを肯定していけるのか」という自らや施設サイドの力量への問いにつながる。この問いは一方で，「これ以上肯定することはできない」という「権力の限界線」をも意識せざるを得ないことにもつながっていく。そもそも児童福祉システムの上で子どもを処遇すること自体が「子どもにイノセンスを付加する試み」だと見ることもできるのである。

〈参考文献〉

大澤真幸（1998）「自由の牢獄——リベラリズムを越えて——」『季刊アステイオン』No.49：68-99。

芹沢俊介（1989→1997）『現代〈子ども〉暴力論〈増補版〉』春秋社：21-22.

家庭養護促進協会大阪事務所（1991）『真実告知事例集——うちあける——』

第 2 章　子どもの養護の歴史と現状

●ねらい●

　子どもの養護の歴史を,「黎明期」「明治期」「大正期から戦前」「戦後」「現代」という5つの時代区分に分けて概観していく。各時代区分の中で特徴的な養護実践や関係法制をとりあげるが,時代背景との関連も含めて学んで欲しい。

　日本の子どもの養護の起源は,聖徳太子が建立した四天王寺悲田院にまで遡る。戦国時代にはルイス・デ・アルメイダが乳児院の源流となる施設を建設した。明治時代に入ると,瓜生岩や石井十次,留岡幸助らの慈善事業家たちが,現在まで続く児童福祉施設の礎を築いていく。大正期から戦前には児童保護関係法制が充実を見るが,太平洋戦争の激化の中においては児童保護施設も戦争に加担することを免れ得なかった。

　戦後になり児童福祉法が施行されると,国家が責任を持って子どもの養護を担うという「児童福祉」の時代に入る。1950年代のホスピタリズム論争,1980年代の児童福祉施設不要論等を経て,1990年代に日本は児童虐待時代に突入した。

1　子どもの養護の黎明

　なんらかの理由で保護者が養育できない，あるいは保護者の養育に委ねることができない子どもを「要保護児童」という。そして，要保護児童のために社会が用意する養護の体系が「社会的養護」である。

　1947（昭和22）年に児童福祉法が出来るまでは，日本の児童養護は国家政策というよりも，むしろ民間の慈善家による慈善事業としての位置づけが主であった。したがって，日本における児童養護の歴史は，児童福祉法成立以前の「児童保護」の時代と，成立以後の「社会的養護」の時代に大別される[1]。

　本節ではまず，日本における児童養護の源流を確認していく。

❖ 日本最古の児童保護事業　──仏教思想を背景とした慈善事業──

　現代の「社会的養護」につながる源流と位置づけられる児童保護事業のひとつとして，四天王寺悲田院の活動を挙げることができる。

　聖徳太子は593（推古元）年，日本初の官寺として四天王寺を建立した。その際に，寺としての活動の中心を担う「敬田院」，薬草を栽培して処方する「施薬院」，現在の病院にあたる「療病院」とあわせて，高齢者・障がい者や親と共に暮らすことのできない子どものため施設である「悲田院」を併設した。寺に「施薬院」「療病院」「悲田院」を併設した背景には，「福田思想」という仏教思想が存在している。「福田思想」とは，「善行を積めば田畑が福を産む」という考え方のことである。聖徳太子の悲田院への関わりの様子や，悲田院における子どもたちの生活の様子は，残念ながら資料や文献等には残されていない。聖徳太子の時代から一世紀後となる723（養老7）年，光明皇后が大和の山階寺に施薬・悲田院を建立したという記録が，文献上では日本最初のものであると位置づけられている。

　しかしながら，四天王寺悲田院は幾たびもの火災や戦禍を受けながらも再興し続け，現在の「社会福祉法人・四天王寺悲田院」にまでつながっている。四

天王寺悲田院は1400年の時を超えて伝わる，日本の「社会的養護」の源流のひとつであるといえる。

❖ 日本におけるキリスト教児童保護事業の黎明

戦国時代の1555（天文24・弘治元）年，ひとりのポルトガル人によって現在の「乳児院」の源流となる施設が建設されている。医師免許を持つ商人で，キリスト教の信仰を持っていたルイス・デ・アルメイダがその人である。

商人として来日したアルメイダは，現在の大分県大分市にて，キリシタン大名・大友宗麟の元に寄宿していた。この時に，当時の日本で広く行われていた赤子殺しや間引きの慣行を知ることとなった。驚いたアルメイダは生まれたばかりの子どもの命を守るために，大友宗麟の屋敷の敷地内に子どものための施設を作った。また，当時の日本には牛乳を飲むという習慣がなかったが，アルメイダは乳牛を飼い，搾乳した牛乳を子どもたちに与えて命を救ったのであった。

戦国時代が終わり江戸時代に入ると，日本社会は戦乱の世から徐々に秩序ある社会へと変化していく。江戸時代の初期には，棄児禁止令（1690年）や間引き禁止令（1767年）が徳川幕府から発令されている。

アルメイダの実践や棄児禁止令・間引き禁止令の発令は，当時の日本において棄児や間引きが頻繁に行われていたことの証左でもある。当時，農民等の一般民衆は支配階級からの圧政に苦しんでいた。特に飢饉等の時には，限られた食料で共同体の成員の生命を守らねばならず，産まれてくる子どもの生命が犠牲となることも少なくなかった。

2　明治時代（1868〜1912）の児童保護事業

❖ 明治初期の児童保護関連施策

1868（明治元）年から1869（明治2）年までの戊辰戦争を経て徳川幕府の体制は終焉を迎え，日本は近代国家に生まれかわろうとしていた。1871（明治4）年には，江戸時代の幕藩体制を一掃すべく，いわゆる「廃藩置県」が実施され，

3府72県による中央集権的地方制度が成立した。明治政府が近代国家樹立への足取りを進める一方，これまで藩から俸禄米を得ていた士族達が貧困層に転落するなど，急激な社会変化が多くの貧困者を生み出すこととなった。また，戊辰戦争の戦火に巻き込まれた地域には，民間人の死傷者や戦災孤児等の被害者も多かった。そのような中，1871年に太政官通達として「棄児養育米給与方」が出された。本通達は，当時問題となっていた棄児（捨て子）に関して，これを預かって育てる「所預」と，これを自らの子とする「貰受」とを問わず，15歳になるまでは年に7斗の養育米を支給するというものであった。

本通達は，1873（明治6）年に年齢が13歳に低減され，棄児以外のさまざまな貧困者を対象とした「恤救規則」(1874：明治7) 年に引き継がれることとなった。

❖ 瓜生岩(いわ)と東京市養育院

「恤救規則」制定に先立つ1872（明治5）年，ロシアのアレクセイ皇太子訪日に際し，街に乞食や浮浪者がうろついていては文明国の恥ということで，本郷の旧加賀藩邸の空き屋敷に約250名が収容された。これが，後の東京府養育院（市制の施行により1890（明治23）年に東京市養育院，戦後は東京都養育院。高齢者施設として，1997（平成9）年まで125年存続した）の始まりであった[2]。

東京府養育院には，実業家・渋沢栄一が院長として着任した。渋沢は実業家として日本の近代化に尽力する一方で，東京府養育院の運営をライフワークとしていた社会事業家でもあった。

1886（明治19）年，東京府養育院は子どもの処遇を開始した。しかし，当時「孤児」と呼ばれていた子どもたちは心がすさんでおり，また「子どもの権利」も認められていなかった状況の中で食事や衛生環境等も十分ではなかった。

子どもの処遇を開始したものの，効果的な処遇ができていないことに悩んでいた渋沢は，部下・安達憲忠のつてをたどって，ひとりの老婆を「幼童世話係長」に据えた。それは，会津出身の瓜生岩であった。

瓜生岩は，戊辰戦争において官軍・賊軍問わず看病をして廻り，「日本のナ

第2章 子どもの養護の歴史と現状　25

イチンゲール」と呼ばれた人物である。戊辰戦争後は，郷里の熱塩加納村（現・喜多方市）に戦災孤児のための学校を創立し，また明治に至っても東北の寒村で横行していた「間引き」を減らすために産婆の養成を行うなど，児童福祉・女性福祉の先進的な活動を行っていた。

この噂を渋沢栄一が聞きつけ，1891（明治24）年3月，当時63歳であった瓜生岩を東京府養育院の「幼童世話係長」として招聘したのであった。

渋沢栄一と瓜生岩の仲介役となった安達憲忠は，瓜生岩の実践を次のように書き残している[3]。

「只わけもなく快活に働くのであった，同女は朝から晩まで，一分間でも休止する事なく働いて居る。第一に衣服の襤褸を引きずり出して，之を細かく割いて縄をなうて，草履を作るのである。それを自分でせっせ，せっせとやって，子どもを周囲に輪を作らせて，子どもに見せて，小さいのには襤褸を割かせる。大きなのには，縄をなわせると云う風で，斯る仕事をしながら，なにか頻りと面白そうに話をして居らるるが，前にも云う通り，会津弁であるから予に分らぬばかりでなく，保姆の連中にも，子どもにも，お婆さんの話は半分位しか分らぬ様子であるが，お婆さんは委細構わず手工をしながら話して居る。併し，大体は分かる。なんでも，人は朝から晩まで，せっせと稼がにやならぬと云う様な事から，怒るのはつまらぬ事だとか，毎日おもしろく暮らすのが徳だと云う様な事やら，古今の偉人の話やらである。能く能くお婆さんの云う事を味わって見ると，人間処世の大旨趣を徹底さして居ると感じた。

毎日毎日右の如き事を繰返して居たのであるが，誠意というものは恐ろしい力のあるものである。凡そ，2ヶ月ばかりも経過する内には，児童の状態が大いに変わって来て，甚だ快活になった。始めは大人に対して談話をしたり，笑ったりする児童は一人の外ないと云う位であったのが，何れの児童も誰に対しても話し，且つ笑うというようになり，顔色なども，始めとは大い

に善くなったのである。予は於是，誠実くらい偉い力のあるものはないと思った。」

　上記から，瓜生岩の養護実践力が，養育院の子どもたちに与えた影響を垣間見ることができる。しかしながら残念なことに，瓜生岩は，会津の有志者に懇願されて1891年9月には養育院を辞職し，会津に戻ってしまう。
　会津に戻った後も，瓜生岩は，1893（明治26）年に福島鳳鳴会育児所（現在の児童養護施設・福島愛育園）を創設するなど，日本の児童養護の先駆けとなるさまざまな活動を行った。

❖ 石井十次と岡山孤児院

　東京府養育院が子どもの保護を始めた1年後の1887（明治20）年，岡山県の石井十次は，巡礼途中で夫に先立たれた母親からひとりの男児を引き取った。これをきっかけに，石井十次は孤児教育会（後の岡山孤児院）を岡山市の三友寺に創設した。
　当時，医師を目指して勉強していたクリスチャンの十次は，このまま勉強を続けて医師になるべきか孤児救済の活動を続けるべきか悩んでいた。1889（明治22）年1月10日の朝，十次は三友寺の境内で大切な医学書に火を放った。医師になる者は多いが，孤児救済を行う者は少ない。十次は「二人の主に仕えることはできない」という聖書の教えに従い，この日，孤児救済に命を賭ける決意をしたのであった。
　1891年10月28日，死者7,200人，倒壊家屋105,800戸という大被害となった濃尾大震災が発生した。十次は，職員4名を派遣し，また自らも募金活動に奔走した。先に確認したように，当時は戦後のような児童福祉法は存在せず，そのため子どもの養育にかかる費用の多くは慈善事業家自身の負担となっていた。十次は，岡山孤児院の活動を理解してもらうため，音楽隊や幻灯団を結成し，市民からの募金をつのった。また，資本家であった大原孫三郎やキリスト

教関係者が十次の活動を支援したのであった。

　岡山孤児院における養護実践の実際は，どのようなものであったのであろうか。アメリカから神戸に移住し，日本幼児教育の始祖のひとりとなった教育伝道師・A. L. ハウは，アメリカ在住の兄に向けた1903（明治36）年7月27日付の手紙において，岡山孤児院の様子を次のように記している[4]。

　「ところで，岡山の魅力は石井氏の孤児院です。（中略）ここには200名を越す子どもたちが，各家の責任を持たされた年かさの子どもたちのもとで，別々の家に生活しています。私の寝室からは，男の子たちの小さな家が2つ見渡せました。このような秩序と生活と自由…（中略）…めったに出会うことのない満足です。5時にラッパが鳴り，飛び起きて，庭の裾を流れる川に顔を洗いに行き，蚊帳と布団を片づけ，ベランダと階段を洗い流し，大きな庭を掃除して，そして子ども達は6時の朝食のラッパを待つのです。7時にもう1度お祈りのラッパが鳴ると，子ども達は別れます。印刷所に所属しない子ども達は休暇の間，遊び回り，他の子ども達は印刷所で働きます。

　『学校のある』日は，半日学校に通って，残りの半日は仕事をします。ここでは誰かがたくさんの計画をたてています。というのは，印刷やその他ほとんどすべての仕事がこういった子ども達によって行われるからです。しかしながら，すべてが規則正しく静かで，少しも急いだりはらはらする様子がなく，子ども達はとても幸福です。石井氏は十分な食事と，十分な仕事と，十分なお祈りがよいと信じています。子ども達の顔つきと態度…（中略）…とは，ここにいればいるほど着実によくなり，子ども達の多くは大変成功した男女に育ちます。」（A. L. ハウ「1903年7月27日の手紙」より）

❖ 石井十次の実践の特徴

　石井十次の実践の特徴を示すものとして，「岡山孤児院十二則」（1902：明治35）年が挙げられる。ここで十次は，岡山孤児院を「家族主義」「委託制度」「満

腹主義」「実行主義」「非体罰主義」「宗教教育」「密室主義」「旅行教育」「米洗主義」「小学教育」「実業教育」「托鉢主義」という12条の基本原則に基づき，施設運営および養護・教育実践を行った。

　「家族主義」は，現代の小舎制養育のことを示している。各小舎を「家」と呼び，それぞれに担当の寮母を置くことにより「家庭」に近い状態での処遇を行った。「委託制度」は，現代の里親制度のことを示している。十次は，岡山孤児院近隣の農家に里親になってもらい，多くの子どもたちを委託するという先進的な取り組みを行った。「満腹主義」は，子どもたちに食事の制限をせず満腹になるまで与えることである。空腹を原因とする非行などを防止するための実践であった。「実行主義」は，子どもに言葉をもって教えるのではなく，自ら行う様をみせることによって教育するという考え方である。「非体罰主義」は，当時は日常的に行われていた体罰を行わないという考え方である。「宗教教育」は，クリスチャンとしてキリスト教を強制することではなく，自らが信じる「善」や「義」を実行できる子どもを育むことであった。「密室主義」は，誉める場合も，叱る場合も，他者の前で行わず，子どもと十次とが一対一で話し合う環境の中で行うということである。「旅行教育」は，限られた空間に留まらずに広く社会を知ることにより現実を学ぶという教育方針である。

　「米洗主義」はその名の通り，異なる生育歴の子どもたちを同じ場所で切磋琢磨させあうことにより，それぞれの子どもたちの本質を発揮させるという方法である。貧困家庭の子どもたちの就学が免除されていた当時，教育を与えることこそが子どもたちにとって重要であると十次は考えていたことから施設内における「小学教育」の実践が行われた。

　「実業教育」は，先のA. L. ハウの日記からもわかるように，印刷業等の実業を一定年齢以上の子どもたちに対して課すことである。これは，子どもたちの将来の自立を目的としたものである。「托鉢主義」は，聖書の「あなたがたは地上に富を積んではならない」という聖書の教えに基づき，市民に施設の理解を得つつ，少額の寄付金や補助金を集めて施設を運営するという方針である。

これらの先進的な理念を掲げることができた背景には，J. J. ルソーの自然主義教育論，スイスで孤児教育の実践と理論化を行ったJ. H. ペスタロッチの思想，イギリスで世界に先駆けて小舎制における児童養護実践を行ったT. J. バーナードの思想を積極的に吸収するという十次の努力があった。

❖ 留岡幸助と家庭学校

児童養護の父祖として位置づけられているのが石井十次である一方，非行少年に対する支援（教護・児童自立支援）の父祖として位置づけられているのが留岡幸助である。

北海道の監獄にて教誨師をしていた留岡は，アメリカに留学し非行少年に対する教育の重要性を学び，帰国する。その後，1899（明治32）年に東京・巣鴨に私立感化院「家庭学校」を創設し，家庭的環境の中で非行少年の立ち直りを支援するという実践を行った。1914（大正3）年，留岡は自然の中での感化実践という夢を実現するため，家庭学校の分校と農場を北海道に設立した。留岡が巣鴨に作った「家庭学校」は現在，東京家庭学校という児童養護施設として運営されている。また北海道社名淵につくった分校は，児童自立支援施設・北海道家庭学校として現在も留岡の理念を大切にしながら，大自然の中での児童自立支援実践を行っている。

❖ 保護を要する子どもに関するホワイトハウス会議

日本での明治時代に相当する期間に，外国の児童養護はどのような展開を見せていたのであろうか。

1874年，アメリカのニューヨークで「メアリー・エレン事件」という児童虐待事件が起こった。養父母から鞭で打たれ，厳寒の屋外に放置されていたメアリーを救うために宣教師や友愛訪問員が奔走した。この事件をきっかけに，ニューヨーク虐待防止協会が設立されることとなった。

1909年にはアメリカ合衆国における要保護児童施策の方向性を定めるため，

保護を要する子どもに関するホワイトハウス会議が開催された。本会議を開催した第26代大統領セオドア・ルーズベルトは，1909年1月25日の声明文で「家庭生活は文明の最高の創造物であること」「最も重要で価値のある慈善活動は治療的なものではなく，予防的なものであること」「要保護児童にとっては家庭的養護が望ましいこと」などを発表している。この会議を契機として，それまでは民間団体の慈善事業に依っていたアメリカの児童福祉施策は，政府が責任を持って推進していくこととなった。

3　大正期（1912～1926）～終戦（1945）までの児童保護事業

❖ 近代化の光と影　──児童労働の問題──

　1868年に近代への脱皮を目指してスタートした明治政府は，欧米諸国に追いつくために「富国強兵」「殖産興業」をスローガンとして掲げた。

　明治から大正期における日本の主力輸出商品は生糸であり，1909（明治42）年には世界一の生産量を上げることとなった。生糸とは蚕の繭をほどいた絹糸のことであり，繭から糸を解くためには熱湯に漬けなければならなかった。当時，「糸引き」と呼ばれた女工たちは，12～13歳の年齢で身売り同然の状態で働いていた。早朝から夜遅くまで，暑い蒸気の立ち込める工場で休み無く働く女工たちは，病に倒れる者も少なくなかった。明治末期の1911（明治44）年に制定された工場法は，「12歳未満の者の工場就業」や「15歳未満の者の1日12時間以上の就業」等を禁ずる法律であった。しかし，資本家達は安価な労働力としての児童を求めており，工場法の施行には根強い反対があった。そのため，施行までに5年の期間がかかり1916（大正5）年の施行となっている。

❖ 大正期から終戦までの児童保護関連法

　岡山県の済世顧問制度および大阪府の方面委員制度を元に，1926（大正15）年には現代の民生委員制度の原型となる方面委員制度が全国に広がっていく。1927（昭和2）年10月に開催された第1回全国方面委員大会では既存の「恤救

規則」では救うことのできない，悲惨な貧困の状況が各地から報告された。1928（昭和3）年，新しい救護法案制定の提案をするための会議が東京で開催された。

　この提案を受け，1929（昭和4）年には「救護法」が制定されることとなった。本法律は，65歳以上の老衰者，13歳以下の幼者，妊産婦，心身の障がいにより労働能力のない者が貧困のために生活することが困難な場合，これを救護するというものであった。本法律では，救護の機関や施設さらには救護の方法等が具体的に定められており，「恤救規則」に比してかなり充実した救護立法であった。

　しかし，1929年10月に端を発する世界恐慌による国家財政の危機により，1932（昭和7）年に至るまで施行されない状態が続いたのであった。1933（昭和8）年には，「児童虐待防止法」「少年教護法」と児童保護関連法制が続けて制定された。「児童虐待防止法」は，2000（平成12）年より施行されている「児童虐待の防止等に関する法律」とは内容が異なり，軽業（危険な曲芸を身軽にこなすもの），見せもの，曲芸，物売り，乞食などに保護者や親が子どもを使うことを禁止したものである。この背景には，経済恐慌や凶作の渦中で人びとの生活が苦しい状況に追い込まれていたという背景があった。「少年教護法」は，1900（明治33）年に制定された「感化法」を大幅に改正したものである。懲罰的色彩の強かった「感化院」にかわり，不良化の未然防止，不遇な状況にある少年に対する教育を目的とする「少年教護院」での指導が行われることとなった。

❖ 太平洋戦争への歩み

　昭和に入り児童保護法制は充実しつつあったが，1931（昭和6）年9月の満州事変を契機に始まった太平洋戦争の進行の中で，法律は徐々に機能しなくなっていった。1938（昭和13）年1月には厚生省が創設された。厚生省は，屈強な兵士を育成するために「国民体位の向上」を求める陸軍の意向に沿って設置されたのであった。同じ1938年4月，国家総動員法が制定された。この法

律により，軍民を問わず全ての国民が戦時体制に巻き込まれることとなった。戦時中は厳しい思想・情報統制下であったこともあり，戦争に反対したり，日本の敗戦を予想する者はほとんど居ない状況であった。子どもを保護し，教育する役割を担う「孤児院」や「少年教護院」においても，状況は同じだった。

「昭和十七年をむかへて　　　　S生
　私も新年をむかへ十五になりました。昔は十五歳になれば元服をして一人前の男でした。今は大東亜戦争で私共と同じ位の青年達が国の君の為命をすてて働いて居るのです。私共も世の為に少しでも良いことをしなければなりません。私も十七年の一月一日に新しく心を入れかえて良いことをして居ります。これからも益々よい日本人となることを決心しました。」

　これは少年教護院・山形県立養育園において 1942（昭和 17）年に書かれた作文である[5]。「孤児」や「非行少年」として，施設生活の中で肯定的な自己意識をもつことのできなかった子どもであればあるほど，戦争は自らの存在を国家のために役立たせるための意味をもってしまったのであろうか。15 歳ほどの年齢で「満蒙開拓青少年義勇軍」に志願する子どもたちも多く，また施設の職員自体がそれを積極的に奨励するということが実際に行われていたのであった。

❖ 施設の子どもたちとともにガス室に入った孤児院長・J. コルチャック

　ユダヤ系ポーランド人の J. コルチャックはワルシャワ大学にて医師免許を取得後，1911 年にユダヤ人の孤児のための孤児院「ドム・シェロット」の院長となった。J. H. ペスタロッチの信奉者であったコルチャックは，戦後に「子どもの権利条約」として花開くこととなる「子ども特有の権利を積極的に認める」という児童福祉思想の持ち主であり，子どもたち自身による議論や自治を尊重するという先進的な養護実践を行っていた。1939 年，ナチスドイツがポーランドに侵攻し，ポーランドのユダヤ人はゲットー（強制居住区）へ囲い込まれ

た。コルチャックはゲットーの劣悪な環境の中でも，200名の子どもたちを守り続けた。しかし1942年8月，コルチャックと子どもたちはトレブリンカ強制収容所に移送され，ガス室にて殺害されることとなった。「子どもの権利」を唱導したコルチャックは，子どもたちと共にガス室に赴くことをもって無残な戦争への反旗を翻しながら，子どもたちの命を最後の瞬間まで守り続けたのであった。

4　戦後（1945～）の児童養護

❖ 戦災孤児に対する保護

1941（昭和16）年12月8日の真珠湾攻撃に端を発する太平洋戦争は，1945（昭和20）年8月15日の玉音放送をもって終結に至った。

厚生省は，終戦から約1ヶ月後となる9月20日に「戦災孤児等保護対策要綱」を発表した。

本要綱では，保護の対象を「保護育成ノ対象ハ主トシテ今次戦争下戦災ニ因リ父母其ノ他ノ適当ナル保護者ヲ失ヒタル乳幼児学童及青少年」とし，独立生計を営むまで保護を行うとした。保護の内容としては，「個人家庭ヘノ保護委託」「養子縁組ノ斡旋」「集団保護」が挙げられていた。しかし，本要綱の実効性は低く，靴磨き等の労働や物乞い，また徒党を組んで窃盗を行うなどの方法で自活していかざるをえない戦災孤児も多かった。1948（昭和23）年2月に厚生省が実施した全国孤児一斉調査では，終戦後2年以上を経過した時点で12万3,511名の孤児が確認されている。

❖ 児童福祉法の制定

「戦災孤児等保護対策要綱」等の戦災孤児対策が，功を奏せずに1年が経過した1946（昭和21）年9月17日，GHQ公衆衛生福祉部では「監督保護を要する児童の件」に関する会議が行われた。そこでは，児童福祉を前進させるための行動計画を指導するためには厚生省の1局が当たるべきとされた。また，中

央社会事業協会他の団体は，児童の保護に関する法律の制定を求める意見書を提出した。1947（昭和22）年8月11日，政府は，児童福祉法案をまとめ，第1回国会に提出した。国会における慎重な審議を経て，1947年12月12日に児童福祉法が成立，翌1948（昭和23）年1月1日から順次施行となった。戦前の児童保護関連法制は，「保護を要する児童のみへの対応」に関するものであったが，児童福祉法では「すべての児童の生活保証と愛護」が謳われた。

戦後日本の児童福祉プログラムを構築する上で重要な助言を行った人物として，アメリカの養護施設「ボーイズタウン」の創設者E. J. フラナガンの存在を忘れることはできない。フラナガンは，1947年4月から6月までの約2ヵ月間日本に滞在し，日本各地の現状を視察すると共に施設の設備，職員の資格，配置基準等について定めた「児童福祉施設最低基準」を設定すべき等の勧告を行った。

❖ ホスピタリズム論争

終戦直後の混乱が徐々に落ち着き始めた1950（昭和25）年，養護施設・東京都立石神井学園園長の堀文次，神奈川県立中里学園園長の瓜巣憲三らが雑誌『社会事業』紙上で「ホスピタリズム論争」を行った。ここで論じられた「ホスピタリズム」とは，集団的養護環境下において発生しやすい身体的・知的・情緒的な発達の遅れや，神経症的な傾向，そして対人関係上の障害等の一連の症状のことである。日本における論争の展開と同時併行的に，イギリスの医師J. ボウルビィは「ホスピタリズム」が「母性的養育の喪失」(maternal deprivation)により引き起こされるということを研究成果から結論づけた。このボウルビィの研究結果は，日本におけるホスピタリズム論争にも大きな影響を与えた。「ホスピタリズム論争」は，戦災孤児に対する緊急対応として始まった大舎制における養護実践を見直す契機となった。この論争は，小舎やファミリーグループホーム等の家族的養護に近い形態に改善していくという方向性や，施設職員の労働条件や研修方法，そして養護実践のあり方を改善する等の方向性に結実し

ていった。

❖ 永続性計画（パーマネンシー・プランニング）

1962年，アメリカの小児科医 H. ケンプらは「被虐待児症候群」という論文を執筆した。この論文が元となり，アメリカの各州では1963年以降順次児童虐待通告法が制定されていくこととなった。

年々虐待通告数が増す中で，虐待親から分離され児童福祉施設や里親に措置された子どもたちがフォスターケアを渡り歩く「フォスターケア・ドリフト」が問題とされるようになった。1980年に制定された「養子縁組補助及び児童福祉法」では，子どもの措置に当たっては「最も束縛の少ない環境」を選び，できる限り家庭的な環境に置くことが求められた。また，アセスメントを元に立案したケース計画を6ヵ月ごとに見直しながら，18ヵ月以内に家族復帰を図るか，もしくは他の家族との養子縁組を行う「永続性計画（パーマネンシー・プランニング）」に基づいた措置を行うこととされた。

5　子どもの養護の現状　──日本における児童虐待時代の到来──

❖ 入所児童数の低下と養護施設不要論

図2-1は，日本における児童養護施設在所率を示したグラフである。1958（昭和33）年・1959（昭和34）年に96.8%という数値を記録して以降，1984（昭和59）年に至るまでは児童養護施設在所率は90%前後を推移していく。ところが，1984年の90.4%をひとつの頂点として，1993（平成5）年に至るまで下降を続けていくこととなる。

現在では信じられないことであるが，この当時，戦後40年を支えてきた児童福祉施設はその役割を終えたという「児童福祉施設不要論」が論じられるようになった。戦後の少年非行「第3の波」も1983（昭和58）年をピークに過ぎ去りつつあり，バブル景気への突入を前に子ども問題も大きな変化を迎えていく。

1991（平成3）年にバブル経済が崩壊し，日本経済は低成長時代に突入する。

1993年には再び児童養護施設在所率が上昇に向かうが，これはいよいよ日本も児童虐待時代に突入したことを示すデータといえるであろう。欧米を追うかのごとく児童虐待時代に突入した日本は，増加する被虐待児への支援というかつてない課題に直面していくこととなる。

❖「家庭養護」へのシフト

明治時代に石井十次が行った里親への「委託制度」に端を発し，戦後のホスピタリズム論争でもその有効性が議論されていた小舎制養護施設や里親による「家庭養護」であったが，日本では欧米のように「施設養護」から「家庭養護」へのシフトがスムーズには進まなかった。

被虐待児が増加し，心のケアを含めた慎重な養護実践が必要とされる一方で，2007（平成19）年3月の段階で全国36,326人の措置児童中，里親に委託されている児童の割合はわずかに9.4%であった。2008（平成20）年11月26日に

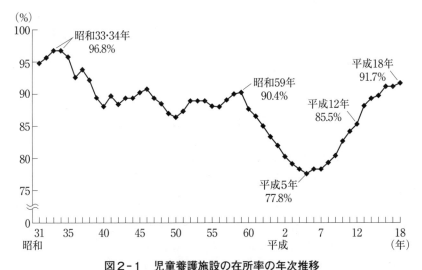

図2-1　児童養護施設の在所率の年次推移

出所）厚生労働省大臣官房統計情報部『平成12年　社会福祉施設等調査の概況』，厚生労働省大臣官房統計情報部『平成18年　社会福祉施設等調査結果の概況』

成立した改正児童福祉法では，養子縁組を前提としない養育里親について一定の研修を修めることとする等の要件が定められた他，小規模住居型児童養護施設が創設されることとなり，2009（平成21）年4月から施行されることとなった。

日本が児童虐待時代を迎えて以来，社会的養護を必要とする子どもの数の増加，虐待等子どもの抱える背景の多様化に対応した社会的養護体制の質および量的な向上が求められてきたが，本改正により「家庭養護」のさらなる充実が期待されている。

6　歴史から学ぶ子どもの養護の鍵

本章では，子どもの養護の歴史を，「黎明期」「明治期」「大正期から戦前」「戦後」「現代」という5つの時代区分に分けて概観してきた。

本章の中で，取り上げることのできた養護実践や関係法制はわずかであったが，子どもの養護は常にそれぞれの時代背景と緊密に結びつき，時代ごとの問題性を帯びつつもマクロ・メゾ・ミクロの各レベルにおいて一歩一歩前進してきたことを理解してほしい。このような児童養護の歴史の中で「不易」なるもの，「不変の真理」があるとすればそれはどんなものであるだろうか。筆者は，それを，非血縁関係にある者が何らかの理由で家族と共に生活することができない子どもたちと新たな「家族」的関係を作るということであると考えている。

瓜生岩や石井十次，留岡幸助，J. コルチャックらの養護実践が，今日にあっても乗り越えることができないひとつの理想形であり続けているのは，彼女／彼らが何か特殊な養護実践の技術を持っていたからという訳ではなく，「何らかの理由で家族と共に生活することができない子どもたちと新たな『家族』的関係を作る」という命題に逃げることなく立ち向かい，時に悩みつつも実践をし続けたからである。

1950年代のホスピタリズム論争や2000年代の被虐待児支援論は，上記の命題について議論しようとしつつも，どこかで技術論の方向にすれ違っていってしまっているのではないだろうか。

日本の児童養護も本格的な「家庭養護」へのシフトに向けた転換期にさしかかっている。「何らかの理由で家族と共に生活することができない子どもたちと新たな『家族』的関係を作る」という命題に向き合うための方法が，ますます養護実践者には求められてくることとなる。

　児童養護の道を志す若い人たちには，ぜひ先達の養護実践を学び直す過程から，それぞれのやり方で上記の命題に向き合うための鍵を会得してもらいたい。本章における養護の歴史の概説が，そのための契機となればこれに勝る幸いはない。

注

(1) 古川は，児童福祉の歴史を日本の資本主義の発展状況と関連させ，「重商主義・自由主義時代：児童救済」「古典的帝国主義時代：児童保護」「国家独占資本主義時代：児童福祉」の3段階に区分している（古川孝順〔1982〕『子どもの権利』有斐閣，4頁）。

(2) 現代の児童養護施設に連なる民間孤児院としては，1876（明治9）年に設立された福田会育児院が明治期に入ってから最も早く設立された施設とされている。

(3) 安達愚佛（憲忠）(1913)「瓜生岩子の事」 東京市養育院月報『九恵』第146号：22-25（復刻版『東京市養育院月報』第7巻（不二出版）に所収）。

(4) アニーL. ハウ（中山茂子訳）(1993)『A. L. ハウ書簡集』頌栄短期大学：244-245。

(5) 佐々木光郎・藤原正範（2000）『戦前感化・教護実践史』春風社：541。

〈参考文献〉

児童福祉法研究会編（1978）『児童福祉法成立資料集成　上巻』ドメス出版。
児童福祉法研究会編（1979）『児童福祉法成立資料集成　下巻』ドメス出版。
内藤二郎（1979）「安達憲忠と瓜生岩子」『駒大経営研究』Vol.10, No. 2／3：135-145。
高瀬義夫（1982）『一路白頭ニ到ル ──留岡幸助の生涯──』岩波書店。
岡村重夫（1983）『社会福祉原論』　全国社会福祉協議会。
金子保（1994）『ホスピタリズムの研究 ──乳児院保育における日本の実態と克服の歴史──』川島書店。

野本三吉（1998）『社会福祉事業の歴史』明石書店。
ヤヌシュ・コルチャック（津崎哲雄訳）(2001)『コルチャック先生のいのちの言葉』明石書店。
上野加代子・小木曽宏・鈴木崇之・野村知二編（2002）『児童虐待時代の福祉臨床学』明石書店。
横田賢一（2002）『岡山孤児院物語 ——石井十次の足跡——』山陽新聞社。
ロビン E. クラーク，クリスティン・アダメック，ジュディス・フリーマン・クラーク（門脇陽子・森田由美・萩原重夫訳）(2002)『子ども虐待問題百科事典』明石書店。
岩永公成・菅沼隆（2003）「フラナガンの来日と占領期児童福祉政策 ——政策立案過程と地方自治体の対応を中心に——」日本社会福祉学会関東部会編『社会福祉学評論』No. 3：12-26。
杣山貴要江（2004）「ルイス・アルメイダと社会事業— 育児院」が示唆するもの」『日本文理大学商経学会誌』22（2）：35-54。

〈推薦映像資料〉

子どもの養護の歴史については，文献資料にあたるよりも映像資料を通じてそれぞれの時代の雰囲気の中でどのような養護実践が行われていたのかを学んで欲しい。

●映画『石井のお父さん，ありがとう』(山田火砂子監督作品・現代ぷろだくしょん)
日系ブラジル人のニシヤマ・ヨーコのルーツ探しの旅を通して，岡山孤児院を創設し，命と生涯をかけて，3,000人もの孤児を救った「愛と炎の人」石井十次の生き様を描く作品である。

●映画『コルチャック先生』(アンジェイ・ワイダ監督作品・朝日新聞社)
ナチスの侵攻により，平和を奪われた孤児院長コルチャックと子どもたちの姿を描く。ユダヤ人の強制収容所送りが始まる中で，コルチャックは子どもたちとともに死の道へ赴くことを選択する。

●映画『火垂るの墓』(日本テレビ製作・バップ)
何の罪もない子どもたちが戦争に巻き込まれ，戦災孤児となっていく姿を描く。「清太くんが三宮駅で亡くなり他の浮浪児の遺体とともに茶毘に付されたのは，戦争が終わってからおよそ一ヵ月後，戦災孤児の保護が法律で定められた翌日のことでした」というラスト近くのナレーションを聞きながら，沢山の清太くん・節子ちゃんが戦争で亡くなったことを思うと涙が止められない。

第3章　社会的養護の制度と法体系

● ね　ら　い ●

　本章では，まず社会的養護の制度の根幹に「措置制度」があることを学ぶ。「措置制度」は，保護者から保護を受けられない子どもを国が保護・救済するという「パレンス・パトリエ」を背景とする。この考え方は，児童福祉法のみならず，児童の権利に関する条約にも位置づけられている。
　次に，社会的養護の基本法である児童福祉法の原理，定義，近年の改正点について学ぶ。
　さらに，社会的養護に関するさまざまな関連法規についても学んでいく。

1 社会的養護の制度の根幹 ——措置制度——

❖「社会福祉基礎構造改革」と社会的養護

2000（平成12）年6月，「社会福祉事業法」が「社会福祉法」に改称され，またこれに併せて他の社会福祉関連法の改正も実施された。この改正は，「社会福祉基礎構造改革」と呼ばれている。

「社会福祉基礎構造改革」の大きな特徴は，「措置から契約へ」という言葉に集約されるといっても過言ではない。それまでの日本における社会福祉サービスは，主に行政が行政処分によりサービス内容を決定する「措置制度」によって実施されていた。ところが「社会福祉基礎構造改革」によって，日本における多くの社会福祉サービスにおいては，利用者が事業者と対等な関係に基づきサービスを選択する「利用制度」へと転換が図られることとなったのである。

しかし，特に子ども家庭福祉の分野では，社会的養護に関する制度の主たる部分に「措置制度」が残されることとなった。なぜ「措置制度」が，社会的養護に関しては残されることになったのであろうか。

この背景を知るために，ここではまず児童福祉法に残された「措置」の概念について確認することからはじめていきたい。

❖ 児童福祉法と措置制度

児童福祉法の第2章第6節（第25条～第33条の9）には，「要保護児童の保護措置等」に関する条文が掲載されている。この部分は，児童福祉法の根幹を成す，「措置」に関する内容が記されている。

この中で，第27条は「都道府県の採るべき措置」に関する条文となっている。

児童福祉法第 27 条
　都道府県は条第 1 項第 1 号の規定による報告又は少年法第 18 条第 2 項の規定による送致のあつた児童につき，次の各号のいずれかの措置を採らなければならない。
1　児童又はその保護者に訓戒を加え，又は誓約書を提出させること。
2　児童又はその保護者を児童福祉司，知的障害者福祉司，社会福祉主事，児童委員若しくは当該都道府県の設置する児童家庭支援センター若しくは当該都道府県が行う相談支援事業に係る職員に指導させ，又は当該都道府県以外の者の設置する児童家庭支援センター，当該都道府県以外の相談支援事業を行う者若しくは前条第 1 項第 2 号に規定する厚生労働省令で定める者に指導を委託すること。
3　児童を小規模住居型児童養育事業を行う者若しくは里親に委託し，又は乳児院，児童養護施設，知的障害児施設，知的障害児通園施設，盲ろうあ児施設，肢体不自由児施設，重症心身障害児施設，情緒障害児短期治療施設若しくは児童自立支援施設に入所させること。
4　家庭裁判所の審判に付することが適当であると認める児童は，これを家庭裁判所に送致すること。

　この条項の前にある第 26 条第 1 項第 1 号では，「児童相談所長のとるべき措置」として「次条の措置を要すると認める者は，これを都道府県知事に報告すること」とされている。ここでは，行政機関としての児童相談所が行う第 27 条の措置は，都道府県知事の権限の元に実施されていることを確認しておきたい。
　上記の第 27 条第 1 項第 3 号は，児童相談所の報告を踏まえて都道府県が行う，社会的養護の施設等への措置について規定した部分である。この措置については，第 27 条第 4 項において「親権者等の意に反して行うことができない」と規定されている。そのため，児童相談所は子どもや親権者等の意見を聞きながら，適切な措置を選択するためのケースワークを行う。
　ところが，親が措置に同意しない場合も存在する。たとえば，児童相談所が親の養育を「虐待」であると判断し，子どもを守るためには家族分離が必要と判断する場合がある。しかし，同意すれば自らの虐待を認めることにもつながることから，親が子どもの施設入所に同意しない場合も少なくない。このような場合，家庭裁判所の承認があれば，都道府県は親権者等の意志を超えて措置を行うことができることが児童福祉法第 28 条に規定されている。

> 児童福祉法第28条
>   保護者が，その児童を虐待し，著しくその監護を怠り，その他保護者に監護させることが著しく当該児童の福祉を害する場合において，第27条第1項第3号の措置を採ることが児童の親権を行う者又は未成年後見人の意に反するときは，都道府県は，次の各号の措置を採ることができる。
> 1   保護者が親権を行う者又は未成年後見人であるときは，家庭裁判所の承認を得て，第27条第1項第3号の措置を採ること。
> 2   保護者が親権を行う者又は未成年後見人でないときは，その児童を親権を行う者又は未成年後見人に引き渡すこと。ただし，その児童を親権を行う者又は未成年後見人に引き渡すことが児童の福祉のため不適当であると認めるときは，家庭裁判所の承認を得て，第27条第1項第3号の措置を採ること。

さらに，親権者が親権を濫用したり，いちじるしく不行跡である場合に，児童相談所長は親権喪失宣言の請求を行う権限（第33条の7）をも有している。

❖「措置制度」の背景にあるパレンス・パトリエの考え方

こういった強い権限を都道府県および児童相談所がもつのは，いったいどのような理由によるものなのだろうか。

子ども家庭福祉の研究者である柏女霊峰は，子どもの権利保障の系譜を紹介する論文の中で，「パレンス・パトリエ（parens patriae ＝国親）」の概念に言及している。

「パレンス・パトリエ」は，ラテン語で「国民の父親」という意味である。ここから転じて，法律用語としては「本人にとって有益であることを前提として，行為の自由に干渉することを正当化する」という「パターナリズム（父権主義）」の考え方に基づく国家による個人への干渉のことを指す。子ども家庭福祉における「パレンス・パトリエ」は，「親によって保護と救済が十分に受けられない児童を，国家が親にかわって保護と救済を行うという考え方」のことである[1]。

❖ パレンス・パトリエと子どもの権利擁護

「パレンス・パトリエ」の考え方は、「児童の権利に関する条約」においても子どもが保護を受け、援助を受けるための権利として位置づけられている。ちなみに「児童の権利に関する条約」は、1989（平成元）年の第44回国連総会において採択され、1990（平成2）年に発効した。日本では1994（平成6）年に本条約が批准されている。

以下、条文を元に、「児童の権利に関する条約」に位置づけられた「パレンス・パトリエ」の考え方を確認していきたい。本条約の第18条の1～2項は、子どもの権利としての社会的養護の位置づけについて規定している条文である。

> 児童の権利に関する条約第18条
> 1 締約国は、児童の養育及び発達について父母が共同の責任を有するという原則についての認識を確保するために最善の努力を払う。父母又は場合により法定保護者は、児童の養育及び発達についての第一義的な責任を有する。児童の最善の利益は、これらの者の基本的な関心事項となるものとする。
> 2 締約国は、この条約に定める権利を保障し及び促進するため、父母及び法定保護者が児童の養育についての責任を遂行するに当たりこれらの者に対して適当な援助を与えるものとし、また、児童の養護のための施設、設備及び役務の提供の発展を確保する。

第18条1項では、子どもの養育と発達に関して、父母および国の果たすべき役割を規定している。ここでは、父母および法定保護者が子どもの養育と発達に関する「第一義的な責任」をもつ存在であると規定していることに注目しておきたい。

他方、第18条2項では、主に子どもの養育と発達に関する国の役割として、父母および法定保護者の養育への援助を定め、さらに児童の養護のための施設等を発展させる役割を規定している。

次に、本条約の第20条をみていこう。第18条では父母および法定保護者を子どもの養育と発達に関する「第一義的な責任」者として位置づけていたが、本条では何らかの理由があって家庭環境を奪われた等の子どもを保護・援助す

るための国の役割を規定した条文である。

> 児童の権利に関する条約第20条
> 1　一時的若しくは恒久的にその家庭環境を奪われた児童又は児童自身の最善の利益にかんがみその家庭環境にとどまることが認められない児童は，国が与える特別の保護及び援助を受ける権利を有する。
> 2　締約国は，自国の国内法に従い，1の児童のための代替的な監護を確保する。
> 3　2の監護には，特に，里親委託，イスラム法のカファーラ，養子縁組又は必要な場合には児童の監護のための適当な施設への収容を含むことができる。解決策の検討に当たっては，児童の養育において継続性が望ましいこと並びに児童の種族的，宗教的，文化的及び言語的な背景について，十分な考慮を払うものとする。

　第20条2および3項では，社会的養護における施設養護と家庭養護を国が準備すべきことを定めた条文である。このように，「児童の権利に関する条約」には「パレンス・パトリエ」の考え方が反映されており，特に日本では「児童の権利に関する条約」に先行する児童福祉法において位置づけられ続けてきているのである。

2　社会的養護の基本法　——児童福祉法——

❖　児童福祉法の原理

　児童福祉法の根幹である「措置制度」に関する部分に関しては前節にて説明したので，以下では児童福祉法の原理的規定について説明していく。児童福祉法は，「総則」「福祉の保障」「事業，養育里親及び施設」「費用」「国民健康保険団体連合会の児童福祉法関係業務」「審査請求」「雑則」「罰則」の全8章と「附則」によって構成されている。

　他の多くの法律と異なり，児童福祉法は法の冒頭部に「目的」が掲げられていない。その代わりとして，「児童福祉の理念」「児童育成の責任」「原理の尊重」といった児童の福祉を保証するための「原理」が，法の冒頭に掲げられている。

> 児童福祉法第1条　（児童福祉の理念）
> 　すべて国民は，児童が心身ともに健やかに生まれ，且つ，育成されるよう努めなければならない。
> 2　すべて児童は，ひとしくその生活を保障され，愛護されなければならない。

　第1条の第1項では，児童を健全に育成するための国民の義務が記されている。また第2項は，日本の子どもたちの生存権を位置づけた条文として理解することができる。

> 児童福祉法第2条　（児童育成の責任）
> 　国及び地方公共団体は，児童の保護者とともに，児童を心身ともに健やかに育成する責任を負う。

　第2条では，子どもの保護者のみならず，国および地方公共団体にも子どもを育成する責任があることが記されている。

> 児童福祉法第3条　（原理の尊重）
> 　前二条に規定するところは，児童の福祉を保障するための原理であり，この原理は，すべて児童に関する法令の施行にあたつて，常に尊重されなければならない。

　第3条は，第1条および第2条における規定が，日本におけるすべての児童関係の法令の中で最優先に尊重される原理であることを位置づけている条文である。

❖ 児童福祉法においてなされている基本的定義　―社会的養護に関連する部分―

　表3-1は児童福祉法における社会的養護に関する用語の基本的な定義を表

表3-1　児童福祉法における社会的養護に関係する基本定義

用語	定義など
児童 （第4条第1項）	18歳に満たない者
乳児	満1歳に満たない者
幼児	満1歳から，小学校就学の始期に達するまでの者
少年	小学校就学の始期から，満18歳に達するまでの者
障害児 （第4条第2項）	①身体に障害のある児童，②知的障害のある児童，③精神に障害のある児童など
里親 （第6条の4）	①養育里親，②厚生労働省令で定める人数以下の要保護児童を養育することを希望する者であって，養子縁組によって養親となることを希望するものその他のこれに類する者として厚生労働省令で定めるもののうち，都道府県知事が第27条第1項第3号の規定により児童を委託する者として適当と認めるもの
児童福祉施設（11施設） （第7条第1項）	①助産施設，②乳児院，③母子生活支援施設，④保育所，⑤児童厚生施設，⑥児童養護施設，⑦障害児入所施設，⑧児童発達支援センター，⑨情緒障害児短期治療施設，⑩児童自立支援施設，⑪児童家庭支援センター
障害児入所支援 （第7条第2項）	障害児入所施設に入所し，または指定医療機関に入院する，①障害児に対して行われる保護，日常生活の指導及び知識技能の付与，②障害児のうち知的障害のある児童，肢体不自由のある児童または重度の知的障害および重度の肢体不自由が重複している重傷心身障害児に対し行われる治療
児童相談所 （第12条）	都道府県（政令指定都市および児童福祉法に規定する児童相談所設置市）は，児童相談所を設置しなければならない。
一時保護所 （第12条の4）	児童相談所には，必要に応じ，児童を一時保護する施設を設けなければならない。
児童福祉司 （第13条）	都道府県は，児童相談所に，児童福祉司を置かなければならない。児童福祉司は，児童相談所長の命を受けて，児童の保護その他児童の福祉に関する事項について，相談に応じ，専門的技術に基いて必要な指導を行う等児童の福祉増進に努める。

にまとめたものである。

　表3-1のように，児童福祉法の規定では満18歳までが法律の対象である。

しかし，社会的養護の施設等に措置された子どもに関しては，児童福祉法第31条において満20歳に達するまで措置の延長ができるとされている。特に，進学や就職をしたが生活が不安定で継続的養育が必要な子どもや，障害や疾病等の理由により進学や就職が決まらない子どもに関しては，積極的に措置の延長を行うこととされている。

❖ 児童福祉法の近年の改正点

本項では，児童福祉法の近年の改正点について概説していくこととする。

2009（平成21）年4月に施行された改正児童福祉法では，里親制度の改正が行われた。本改正によって，「養育里親」と「養子縁組希望里親」とが制度上区別されることとなった。また，児童福祉法第11条第1項第2号ヘに「里親につき，その相談に応じ，必要な情報の提供，助言，研修その他の援助を行うこと」が都道府県の業務として位置づけられた。さらに，児童福祉法第33条の10として社会的養護の施設に入所していたり，里親に委託されている子どもの措置中もしくは一時保護中の虐待が「被措置児童等虐待」として定義された。

児童福祉法第33条の11では，被措置児童等虐待を含めた，子どもの心身に有害な影響を与える行為を禁止する規定がなされた。

2012（平成24）年4月に施行された改正児童福祉法では，児童福祉法第42条の障害児入所施設に関する規定が改正された。既存の「知的障害児施設」「盲ろうあ児施設」「肢体不自由児療護施設」が「福祉型障害児入所施設」として位置づけられた。また，同じく既存の「第1種自閉症児施設」「肢体不自由児施設」「重症心身障害児施設」が「医療型障害児入所施設」として位置づけられた。さらに，それまでは児童相談所長には親権喪失の審判請求を行う権限が付与されていたが，新たに「親権停止」「管理権喪失」の審判請求を行う権限が付与された（児童福祉法第33条の7）。

児童福祉法第47条の「児童福祉施設の長の親権等」に関する規定としては，里親等委託中の児童に親権者等がいない場合には児童相談所長が親権を代行す

ること，施設長等が児童の監護等に関しその福祉のため必要な措置をとる場合には，親権者は不当な主張をしてはならないことが新たに規定された。

3　社会的養護に関するさまざまな関連法規

❖ 児童虐待の防止等に関する法律

　児童虐待の防止等に関する法律は 2000 年 11 月に施行された。本法律の施行前も児童相談所は，児童虐待ケースに対応をしていたが，本法により初めて児童虐待の定義がなされた。本法律では，児童虐待の禁止・予防・早期発見その他に関する国及び地方公共団体の責務，被虐待児の保護・自立支援の措置等が定められている。本法律においては，保護者等がその監護する児童に対して，「身体的虐待」「性的虐待」「無視・放置（ネグレクト）」「心理的虐待」の行為を行うことを児童虐待と定めている。

　2004（平成 16）年 10 月から施行された改正法では，「心理的虐待」の定義の中に，「児童が同居する家庭における配偶者に対する暴力」を子どもに見せたりする等の行為（いわゆる「子どもの DV 目撃」）等が含まれることとなった。また，児童虐待の通告義務の対象を改正前の虐待を「受けた」児童から，虐待を「受けたと思われる」児童へと拡大する等の改正がなされた。

　2008（平成 20）年 4 月から施行された改正法では，「児童相談所による立入調査等の権限の強化」「保護者に対する面会・通信等の制限の強化」「保護者に対する都道府県知事の命令等に従わなかった場合の措置」について規定がなされた。

❖ 児童福祉施設の設備及び運営に関する基準

　児童福祉施設の人員配置や環境設定等は，「児童福祉施設最低基準」という省令で定められてきた。

　ところが，2012（平成 24）年 4 月から施行された「地域の自主性及び自立性を高めるための改革の推進を図るための関係法律の整備に関する法律」によって，「従業員の資格および員数」「居室の面積基準」「人権侵害の防止等に関する

事項」は最低基準に従うが,「生活指導及び家庭環境の調整」「関係機関との連携」等に関しては最低基準を参考に都道府県が条例により基準を定めてよいこととなった。

　この改正にあわせて,児童福祉法第45条では「都道府県は,児童福祉施設の設備及び運営について,条例で基準を定めなければならない。この場合において,その基準は,児童の身体的,精神的及び社会的な発達のために必要な生活水準を確保するものでなければならない」と規定され,また「児童福祉施設最低基準」は「児童福祉施設の設備及び運営に関する基準」へと名称が変更されることとなった。

　児童福祉施設の「最低基準」とは,「都道府県知事の監督に属する児童福祉施設に入所している者が,明るくて,衛生的な環境において,素養があり,かつ,適切な訓練を受けた職員の指導により,心身ともに健やかにして,社会に適応するように育成されることを保障するもの」とされている。

　「児童福祉施設の設備及び運営に関する基準」では,「児童福祉施設における職員の一般的要件」として,「児童福祉施設に入所している者の保護に従事する職員は,健全な心身を有し,児童福祉事業に熱意のある者であつて,できる限り児童福祉事業の理論及び実際について訓練を受けた者でなければならい」(第7条)と定められている。また,「入所した者を平等に取り扱う原則」(第9条),「虐待等の禁止」(第9条の2),「懲戒に係る権限の濫用禁止」(第9条の3),「秘密保持等」(第14条の2),「苦情への対応」(第14条の3)が,職員および施設長等の遵守すべき事項として明記されている。

　2013(平成25)年4月には「児童福祉施設の設備及び運営に関する基準」が改正され,児童養護施設等における措置費の職員配置基準が引き上げられた。児童養護施設を例に挙げると,保育者の人数は小学生以上の子ども6名につき1名と規定されていた。ところがこれは原則8時間勤務という保育者の労働条件が勘案されていない基準であり,実際には子ども18名に対し職員1名の確保さえも困難な状況が1976(昭和51)年の児童福祉施設最低基準改正以降続い

てきた。

　しかし，2013年4月からの改正により，児童養護施設では，保育者の人数が小学生以上の子ども5.5名につき1名へと引き上げられることとなった。

　そして，2015（平成27）年度からは，たとえば児童養護施設の学童4名につき1名等のさらなる職員配置基準の改善がなされる予定となっている。

❖ 里親が行う養育に関する最低基準

　2002（平成14）年10月より「里親が行う養育に関する最低基準」が省令として定められた。本省令の第4条では「里親が行う養育は，委託児童の自主性を尊重し，基本的な生活習慣を確立するとともに，豊かな人間性及び社会性を養い，委託児童の自立を支援することを目的として行われなければならない」と里親が行う養育の一般原則を定めている。

　2012年4月の改正によって，本省令第6条の「里親による虐待等の禁止の規定」が児童福祉法第33条の10に規定されている「被措置児童等虐待」の禁止に関する規定に準ずる形に改められた。

注

(1) 柏女霊峰（2004）『現代児童福祉論（第6版）』誠信書房。

〈参考文献〉

小木曽宏・宮本秀樹・鈴木崇之編（2013）『よくわかる社会的養護内容（第2版）』ミネルヴァ書房。

遠藤和佳子・谷口純世・松宮満編（2009）『養護原理』（シリーズ・はじめて学ぶ社会福祉④），ミネルヴァ書房。

望月彰編（2013）『改訂　シードブック・子どもの社会的養護（第2版）』建帛社。

第4章　社会的養護の仕組みと実施体系

●ねらい●

　本章では，まず児童相談所から社会的養護の施設等に至るまでに実施されているソーシャルワークの概要を学ぶ。被措置児童の問題は，施設等に措置されただけで解消される訳ではなく，ケースによっては「措置の変更」がなされたり，家庭への復帰ではなく施設等から社会に出る支援を受ける子どもたちも少なくない。

　次に，社会的養護の施設等の目的，概要について学ぶ。

　さらに，社会的養護の質の向上のための課題についても学んでいく。

1 社会的養護の基本的な仕組み

❖ 児童相談所の役割

　児童相談所は，児童福祉法第12条その他に基づき都道府県および政令指定都市に設置が義務付けられている。児童相談所は現在，全国に約200か所設置されている。

　児童相談所の業務内容は，市町村における児童家庭相談の支援に加え，「児童に関する家庭その他からの相談のうち，専門的な知識及び技術を必要とするものに応ずること」，「児童及びその家庭につき，必要な調査並びに医学的，心理学的，教育学的，社会学的及び精神保健上の判定を行うこと」，これらの調査や判定に基づいて「児童及びその保護者に必要な指導を行うこと」，「児童の一時保護を行うこと」，そして「里親に対する援助」とされている（児童福祉法第11条第1項第2号）。

❖ 児童相談所から社会的養護への経路

　図4-1は，「児童相談所における相談援助活動の体系・展開」を図式化したものである。面接・電話・文書によって受け付けられた相談・通告・送致は，主たる担当者，調査や診断の方針，安全確認の時期や方法，一時保護の要否等を検討するための「受理会議」にかけられる。その後，各ケースの必要性に応じて主に児童福祉司・相談員等によって行われる調査に基づいた「社会診断」，児童心理司等による「心理診断」，医師による「医学診断」，一時保護部門の保育者による「行動診断」，「その他の診断」（理学療法士等によるもの等）がなされる。社会診断，心理診断，医学診断，行動診断，その他の診断の結果は「判定会議」にかけられ，子どもの援助指針が立案される。援助指針の立案にあたっては，可能な限り子ども自身や保護者等の意見を取り入れながら行われることが望ましいとされる。

　援助方針会議では，表4-1に掲げられた各援助内容が決定される。援助方

第4章　社会的養護の仕組みと実施体系

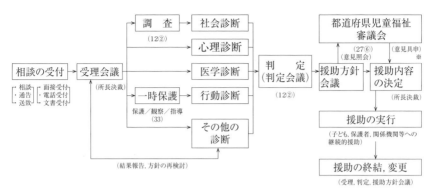

図4-1　児童相談所における相談援助活動の体系・展開
出所）厚生労働省（2013）「児童相談所運営指針」より

表4-1　援助方針会議で決定される援助内容

援　　助	
1　在宅指導等 　(1)　措置によらない指導（12②） 　　ア　助言指導 　　イ　継続指導 　　ウ　他機関あっせん 　(2)　措置による指導 　　ア　児童福祉司指導（26①Ⅱ，27①Ⅱ） 　　イ　児童委員指導（26①Ⅱ，27①Ⅱ） 　　ウ　児童家庭支援センター指導（26①Ⅱ，27①Ⅱ） 　　エ　知的障害者福祉司，社会福祉主事指導（27①Ⅱ） 　　オ　障害児相談支援事業を行う者の指導（26①Ⅱ，27①Ⅱ） 　　カ　指導の委託（26①Ⅱ，27①Ⅱ） 　(3)　訓戒，誓約措置（27①Ⅰ）	2　児童福祉施設入所措置（27①Ⅲ） 　　指定医療機関委託（27②） 3　里親，小規模住居型児童養育事業委託措置（27①Ⅲ） 4　児童自立生活援助の実施（33の6①） 5　福祉事務所送致，通知（26①Ⅲ，63の4，63の5） 　　都道府県知事，市町村長通告，通知（26①Ⅳ，Ⅴ，Ⅵ，Ⅶ） 6　家庭裁判所送致（27①Ⅳ，27の3） 7　家庭裁判所への家事審判の申立て 　　ア　施設入所の承認（28①②） 　　イ　親権喪失等の審判の請求又は取消しの請求（33の7） 　　ウ　後見人選任の請求（33の8） 　　エ　後見人解任の請求（33の9）

（数字は児童福祉法の該当条項等）

出所）厚生労働省（2013）「児童相談所運営指針」より

針決定にあたっては，必要に応じ都道府県児童福祉審議会への諮問が行われる。決定された援助が実行されると，その後は児童，保護者，関係機関等への継続的な支援がなされていく。新たな問題が生じた場合は，必要に応じて援助方針会議が再度行われ，援助内容の見直しがなされる。子どもと家族が児童相談所の対応を必要としない状況に至った時をもって，援助は終結されることとなる。

❖ 施設および里親への措置

児童養護施設等に措置されることとなる子どもたちの多くは，措置先が決定するまでの期間，児童相談所に付設されている一時保護所において生活する。この間に，一時保護所の児童指導員・保育士による行動診断や，児童心理司による心理診断，医師による医学診断が行われる。児童福祉司は，これらのスタッフからの情報を総合し，「どのような措置が，この子どもおよび家族には適切か」を考えることとなる。子どもを連れて施設や里親宅に見学に行き，子ども自身の意見も取り入れるように，さまざまな工夫もなされている。また，施設サイドや里親サイドの意向も，措置先を選定する上での重要な要因となる。

たとえば，再び家族と共に生活できる可能性が低く，個別的なケアが必要な子どもに対しては，里親や小規模児童養護施設等も措置先として想定しつつ，援助指針を立案していく。そのさい，児童福祉施設の種別は多様に存在するため，その子どもにふさわしい施設種別を選び，さらにその種別の中の複数の児童福祉施設からその子どもに最もふさわしい施設を選択する。実際に一時保護所から措置先へと子どもの生活の場所が移る前後には，児童福祉司と措置先の担当者が綿密に連絡をとり，生活環境の変化による不適応を最小限にとどめるためのさまざまな配慮を行っている。

❖ 「措置変更」の問題

弾力的な運用がなされるようになったとはいえ，家庭復帰の見込みのない乳

児院被措置児童は，慣れ親しんだ保育者と離れていずれは児童養護施設や里親家庭等に措置変更されざるを得ないという状況に置かれている。また，児童養護施設に措置された子どもが，高等学校進学後に不登校等の問題を起こした場合，当該児童は，児童相談所一時保護所に戻されることとなったり，アルバイト等の不安定な状態で社会に出ざるをえない状況に陥ることがある。

一方，里親委託を受ければ家庭的な養育の中で永続的な支援を受けることができるかというと，そうはならないケースも少なくない。乳児院から児童養護施設に措置変更され，その後受託可能な里親と巡りあって暖かい家庭養護を受けていたのもつかの間，中学に入って里親に反抗的な態度をとるようになると里親が耐えきれなくなり，結局は児童自立支援施設への入所となったというケースもある。繰り返される措置変更の中で，慣れ親しんだ養育者や友人・学校・教員などと次つぎに引き裂かれ続け，子どもの心が傷つき続けただろうことは容易に想像できる。

「良かれ」と思って児童養護施設から里親委託に措置変更した児童相談所児童福祉司，何らかの理由で家族と共に暮らせない子どもの支援者になりたいと里親登録をして委託を受けた里親，これらの人びとを誰も責めることはできない。しかしながら，措置変更の中で心を傷つけられ，信頼できる他者から切り離されて生きてきた子どもは，一生この辛い経験を引きうけて生き続けていかねばならない。

里親先進国のアメリカでは1970年代ごろに「フォスターケア・ドリフト（Foster Care Drift：里親家庭を転々とする子ども）」の存在が社会的な問題とされるようになった。この問題を低減させるために提唱されたのが，「パーマネンシープランニング（Permanency Planning：永続性計画）」という考え方である。日本においても，家庭復帰の可能性のある子どもと家族に対する家族再統合支援や，里親等の家庭養護を優先する方向性が取り入れられる等，徐々に「パーマネンシープランニング」の考え方が取り入れられつつあるが，「措置変更」の必然性と問題点についてはさらに検討していく必要があるといえる。

❖ リービングケアとアフターケア

　家庭復帰の見込みがなく，施設等から社会へ出なければならない子どもたちも少なくない。「分園型自活訓練事業」は，そういった子どもたちへのリービングケアの主要施策のひとつである。施設退所後に，進学や就職といった形で社会的自立を目指している子どもたちを対象に，地域におけるひとり暮らしと同様の生活体験ができるように実施されているリービングケアである。

　児童福祉施設における集団生活の中では，日課のタイムスケジュールに沿って起床や掃除や入浴を行い，食事もあらかじめ調理されたものを食べることがほとんどである。しかし自活訓練では，施設近隣に借りた民家等で，就寝や起床の時間を自己管理したり，自分ひとりのために食事を準備したり，家賃・光熱費・食費・通信費・娯楽費等のバランスを考えつつ，限られた予算内で生活するといった経験をする。与えられた施設生活ではなく，自らを律する「自律」した生活の中で，子どもたちは施設退所後の生活イメージを作っていく。

　子どもがスムーズに施設退所後の生活に移行できるよう，施設ではリービングケアに関するさまざまな工夫が行われている。しかしながら，近年は「施設退所」イコール「措置解除」と判断できるケースは少なくなっており，18歳を超えても引き続き自立の課題を抱え続けたまま退所していく若者が増えつつある。日本がかつて体験したことのない産業構造の変化と経済の低成長時代を迎える中，児童福祉施設から社会へ出なければならない子どもたちに対するアフターケアは，とりわけ重要な課題となってきている。

　「児童自立生活援助事業」は，アフターケアの主要な施策のひとつである。本事業は，義務教育修了後，児童養護施設や児童自立支援施設等を退所して就職する子どもたちに対し，「自立援助ホーム」において相談その他の日常生活上の援助及び生活指導を行うことにより，子どもの自立支援を図ることを目的としている。自立援助ホームには，義務教育終了と同時に施設を退所した子どもだけでなく，高校中退あるいは高校卒業後であっても，社会に出てひとり暮らしを始めたがうまくいかずに行き場がなくなった若者など，さまざまな逆境

に身を置く若者たちも入ってくる。入所した子ども・若者たちは、自分にふさわしい仕事や居場所を探しながら、それぞれが納得できる「自立」のあり方を模索していく。

2　社会的養護の実施体系

❖ 社会的養護の概況

子どもの社会的養護は、「施設養護」と「家庭養護」とに大別することができる。

施設養護は、戦前からの日本における児童養護の中心的形態であり、乳児院、児童養護施設、児童自立支援施設等の施設において要保護児童の養護を行う形態である。一方、家庭養護は、一般家庭において要養護児童の養護を行う形態であり、里親がその代表的制度である。

❖ 里　親

里親は、児童福祉法第6条の4において「養育里親及び厚生労働省令で定める人数以下の要保護児童を養育することを希望する者であつて、養子縁組によつて養親となることを希望するものその他のこれに類する者として厚生労働省令で定めるもののうち、都道府県知事が第二十七条第一項第三号の規定により児童を委託する者として適当と認めるものをいう」と定められている。

以下、「里親制度運営要綱」における里親の4分類を紹介する。

(1)　養育里親

保護者のない児童又は、保護者に監護させることが不適当であると認められる児童（以下「要保護児童」という）を養育することを希望し、かつ、省令で定める要件を満たす者であって、都道府県知事が要保護児童を委託する者として適当と認め、養育里親名簿に登録されたものをいう。

(2) 専門里親

　省令で定める要件に該当する養育里親であって，①児童虐待等の行為により心身に有害な影響を受けた児童，②非行のある若しくは非行に結び付くおそれのある行動をする児童，又は③身体障がい，知的障がい若しくは精神障がいがある児童のうち，都道府県知事がその養育に関し特に支援が必要と認めたものを養育するものとして養育里親名簿に登録されたものをいう。

(3) 養子縁組里親

　要保護児童を養育することを希望する者であって，養子縁組によって養親となることを希望するもののうち，都道府県知事が児童を委託する者として適当と認めるものをいう。

(4) 親族里親

　要保護児童の扶養義務者及びその配偶者である親族で，要保護児童の両親その他要保護児童を現に監護する者が死亡，行方不明，拘禁，疾病による入院等の状態となったことにより，これらの者による養育が期待できない要保護児童の養育を希望する者のうち，都道府県知事が児童を委託する者として適当と認めるものをいう。

　里親のうち5～6名の子どもを，家庭的な環境の元で養育する「ファミリーホーム（小規模住居型児童養育事業）」の形態をとる者も増えてきている。「ファミリーホーム」の場合，養育者は，小規模住居型児童養育事業を行う住居に生活の本拠を置く者に限られ，養育者2名（配偶者）＋補助者1名が基本的な形態である。

❖ 乳児院

　乳児院は，児童福祉法第37条において「乳児（保健上，安定した生活環境の確保その他の理由により特に必要のある場合には，幼児を含む。）を入院させて，これを養育し，あわせて退院した者について，相談その他の援助を行うことを目的とす

る施設」と定められており，乳幼児の基本的な養育機能に加え，被虐待児・病児・障がい児などに対応する専門的養育機能を持つ。在所期間は，6ヵ月未満が約5割である。

児童相談所一時保護所は，乳児への対応ができない場合が多いため，乳児については，乳児院が児童相談所から「一時保護委託」を受け，アセスメントを含め，実質的に一時保護機能も担っている。

❖ 児童養護施設

児童養護施設は，児童福祉法第41条において「保護者のない児童（乳児を除く。ただし，安定した生活環境の確保その他の理由により特に必要のある場合には，乳児を含む。以下この条において同じ），虐待されている児童その他環境上養護を要する児童を入所させて，これを養護し，あわせて退所した者に対する相談その他の自立のための援助を行うことを目的とする施設」と定められている。生活指導，学習指導，家庭環境の調整等を行い，子どもの健全育成と自立支援を行っている。

児童養護施設に入所する子どもたちは，虐待を受けた子どもが約5割，何らかの障がいを持つ子どもが約2割となっており，専門的なケアの必要性が増している。入所児童の平均在籍期間は4.6年だが，10年以上在籍する者は1割を超える。「小規模グループケア」「地域小規模児童養護施設」の設置等の「家庭的養護」が促進されている。

❖ 情緒障害児短期治療施設

情緒障害児短期治療施設は，児童福祉法第43条の2において「軽度の情緒障害を有する児童を，短期間，入所させ，又は保護者の下から通わせて，その情緒障害を治し，あわせて退所した者について相談その他の援助を行うことを目的とする施設」と定められており，心理的・精神的問題を抱え，日常生活の多岐にわたり支障をきたす子どもたちに対し，医学・心理・生活面の支援を総合的に実施している。

平均在園期間は2年4ヵ月であり，その後は家庭復帰や里親・児童養護施設に措置変更がなされる。入所児は被虐待児が75％を占め，発達障がい，軽度・中度の知的な課題を有する子どもや，児童精神科を受診し薬物治療を行っている子どもも入所している。

❖ 児童自立支援施設

児童自立支援施設は，児童福祉法第44条において「不良行為をなし，又はなすおそれのある児童及び家庭環境その他の環境上の理由により生活指導等を要する児童を入所させ，又は保護者の下から通わせて，個々の児童の状況に応じて必要な指導を行い，その自立を支援し，あわせて退所した者について相談その他の援助を行うことを目的とする施設」と定められている施設である。1998年の児童福祉法改正により，名称が「教護院」から変更され，「家庭環境その他の環境上の理由により生活指導等を要する児童」も支援の対象となった。職員である夫婦と子どもたちとが家庭的な環境の元に暮らす「小舎夫婦制」や「小舎交代制」等の「家庭的養護」が養育の特色である。児童自立支援施設は少年法に基づく家庭裁判所の保護処分等により子どもが入所する場合もあるため，公立の施設が多い。

❖ 母子生活支援施設

母子生活支援施設は，児童福祉法第38条にて「配偶者のない女子又はこれに準ずる事情にある女子及びその者の監護すべき児童を入所させて，これらの者を保護するとともに，これらの者の自立の促進のためにその生活を支援し，あわせて退所した者について相談その他の援助を行うことを目的とする施設」と定められている。

1998年の児童福祉法改正により，名称が「母子寮」から変更され，「入所者の自立の促進のためにその生活を支援すること」も支援の目的となった。近年では，DVの被害者が入所者の半数以上を占める他，虐待を受けた子どもの割

合も増えている。精神障がいや知的障がいのある母や、発達障がいなど障がいのある子どもも少なくない。

❖ 自立援助ホーム

義務教育を終了した20歳未満の児童であって、児童養護施設等を退所したもの又はその他の都道府県知事が必要と認めたものに対し、これらの者が共同生活を営む住居（自立援助ホーム）において、相談その他の日常生活上の援助、生活指導、就業の支援等を行う児童自立生活援助事業として、児童福祉法第6条の3他に定められている。

❖ 障害児入所施設

障害児入所施設も、被虐待児等を措置で受け入れる社会的養護の施設である。

既存の「知的障害児施設」「盲ろうあ児施設」「肢体不自由児療護施設」が「福祉型障害児入所施設」となり、同じく既存の「第1種自閉症児施設」「肢体不自由児施設」「重症心身障害児施設」が「医療型障害児入所施設」として位置づけられた。

3　社会的養護に関する実施体系の将来

❖ 被虐待児の増加と職員等の専門性の向上

図4-2は、2008年2月に発表された「児童養護施設入所児童等調査結果」を元にした、社会的養護の各施設等における入所児童中の被虐待児の割合を示したものである。入所児童の中の反応性愛着障がいの傾向や、生来的な発達障がいのみならず、被虐待による影響で「発達障がい」的傾向を示す子どもが増加する等、質的な変化が社会的養護の現場の混乱に拍車がかかっている。虐待等の理由により施設等に入所する子どもたちに対する養育には、高い専門性が求められている。

2007年11月に発表された，社会保障審議会児童部会社会的養護専門委員会報告書「社会的養護体制の充実を図るための方策について」では，「社会的養護の質を確保するため，担い手となる職員とその専門性を確保するとともに，計画的に育成する体制を整備する必要がある」こと，そして「社会的養護に関する資格のあり方については，今後，国において保育士の専門性や質の向上等のあり方を検討する際に併せて検討する必要がある」ことが明記された。また，国が出す指針において社会的養護の担い手を育てるためのカリキュラムが記され，都道府県においても実情に合わせて，必要な人材を確保するための方策を計画に記載していくという方向性が打ち出された。これらの提言がどのように具現化されていくのか，それは子どもの福祉の向上につながるものになっていくのかどうかに期待が集まっている。

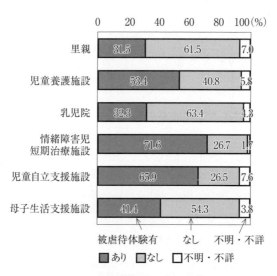

図4-2　児童養護施設入所児童等調査結果
(2008年2月1日)
出所）厚生労働省（2011）「社会的養護の課題と将来像の実現に向けて」より

❖ 家庭養護のさらなる推進と今後の課題

図4-3は，2013年7月に児童養護施設等の社会的養護の課題に関する検討委員会・社会保障審議会児童部会社会的養護専門委員会によって発表された「社会的養護の課題と将来像」にて示されたものである。

本報告では，日本における社会的養護の施設に入所する子どもたちが9割という現状から，「施設養護」「家庭養護」「家庭的養護」をそれぞれ3分の1ずつの割合にしていくという社会的養護の将来像が具体的に提示されることとなった。

このような将来像を形にするために，「社会的養護の課題と将来像」では「施設の運営の質の向上」「施設職員の専門性の向上」「親子関係の再構築支援の充実」「自立支援の充実」「子どもの権利擁護」「施設類型の在り方と相互連携」「社会的養護の地域化と市町村との連携」が，社会的養護に共通する課題であるとされている。

特に，「社会的養護の課題と将来像」で論じられている「養育機能」「心理的ケア等の機能」「地域支援等の機能」という社会的養護の3つの機能を，与え

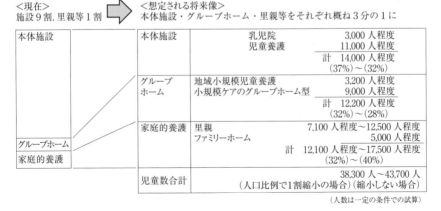

図4-3　施設機能の地域分散化の姿

出所）児童養護施設等の社会的養護の課題に関する検討委員会・社会保障審議会児童部会社会的養護専門委員会編（2013）「社会的養護の課題と将来像」より

られた役割と個別の子どもへの支援という具体的な状況の中で実施していくことが，社会的養護に関わる人たちの中心的な課題であるといえる。

〈参考文献〉

小木曽宏・宮本秀樹・鈴木崇之編（2013）『よくわかる社会的養護内容（第2版）』ミネルヴァ書房。
厚生労働省（2013）「児童相談所運営指針」（平成25年12月27日改訂版）。
厚生労働省（2013）「社会的養護の課題と将来像の実現に向けて」。
相澤仁・松原康雄編著（2013）『やさしくわかる社会的養護　第2巻　子どもの権利擁護と里親家庭・施設づくりと養育・支援する人づくり』明石書店。

コラム2

「こうのとりのゆりかご」に入れられた子どもはその後どうなるのか？

　2007年5月10日，熊本市の慈恵病院に日本で初めて「こうのとりのゆりかご」(以下，「ゆりかご」と略記) が設置された。「ゆりかご」は「赤ちゃんポスト」などと呼ばれ，マスコミでも大きくとりあげられることとなり，国民的な関心事となった。

　日本に先行して，アメリカやドイツでは，1990年代後半よりカトリック教徒の多い地域にて「ゆりかご」の設置が始まっていた。

　キリスト教の代表的な宗派であるカトリックでは，教義上，人工妊娠中絶を認めていない。そのため，たとえばレイプ等により望まない妊娠をした女性が悩みながら子どもを産んだ後，教会の門前に子どもを遺棄するということが少なからず行われていた。ところが，教会関係者が気づいた時には子どもが死んでしまっていたということも多く，そのような事態への積極的な対応ということで「ゆりかご」の設置や関連する法律・制度等が整備されていった。

　日本では1947年に制定された児童福祉法により，都道府県や政令指定都市に「児童相談所」が設置されている。「児童相談所」と聞くと「子どもの悩みを聞いてくれる電話相談室」のようなものを思い浮かべる人が多いようである。もちろん，そういった相談にも全く応じないことはないが，「公的機関としての児童相談所」は，子どもの第一義的な養育者である親が，子どもを養育できないような問題を抱えてしまった場合や，子どもに虐待をしている場合等に，親にかわって子どもの命を守ったり，健やかな成長を保障するという，非常に大きな責任と権限を持つ特別な専門機関なのだ。

　親が妊娠中に児童相談所に相談し，産まれて来る子どもを育てられない理由などを児童相談所児童福祉司（ソーシャルワーカー）が聴取した後に，親にとっても望ましい新生児への対応を考えるというのが，本来望ましいあり方だ。しかし，「誰にも相談できずに一人で悩んでいるうちに，堕胎可能な時期を過ぎてしまった」「そもそもこういった相談に応じてもらえる場所を知らない」などの理由から，新生児の遺棄や遺棄致死に至るケースが日本においても問題視されるようになった。

　そのような状況の中，慈恵病院理事長兼院長の蓮田太二先生は，ドイツの「ゆりかご」等も視察した上で，「あくまでも相談が前提だが，相談だけでは救えない命をまず救わねばならない」という強い信念の元，厚労省や熊本県，熊本市と協議の上，日本初の「ゆりかご」の設置に踏み切った。

「ゆりかご」の最も大きな特徴は，親が誰にも知られることなく，匿名のままで，子どもを安全に預けることができる点にある。「ゆりかご」の扉を開けると「お母さんへ」という手紙が置いてあり，子どもを預けた後でも良いので相談して欲しい旨とともに，連絡先が記されている。子どもが「ゆりかご」に入れられると，センサーが反応し，24時間365日，いつであっても担当の職員に連絡が行き，すぐに駆けつけることになっている。

　医師や看護師等が子どもの生命や健康状態の確認をする。そして，それに併行して児童相談所と警察に連絡が行く。児童相談所では担当の児童福祉司が，警察などと連携しながら，遺留品等から親の居住地等を捜して連絡をとり，相談に乗ったり，子どもへの対応についての希望を聴取する。

　無事に相談のラインに乗り，さまざまな支援を受けながら子どもが親元に帰ることも少なくない。しかし，親の連絡先が不明な場合や，親に養育の意志が認められない場合は，子どもは児童相談所から乳児院や里親に措置されることとなる。

　保護者のない子ども等を公的責任で社会的に養育し，保護すると共に，養育に大きな困難を抱える家庭への支援を行うことを「社会的養護」と呼ぶ。「社会的養護」は子どもを施設で養護する「施設養護」と里親宅等で養護する「家庭養護」とに大別される。

　乳児院は何らかの理由で家族と暮らせない乳幼児が生活する入所型児童福祉施設である。担当保育士が親代わりになる「ケースマザー制」をとる乳児院もあり，乳幼児の特性に応じたきめこまやかな支援がなされている。

　しかし，子どものまま乳児院で暮らし続けるわけではない。就学年までの適切なタイミングで，18歳までの子どもたちが生活する児童養護施設等に「措置変更」されなければならない。ケースによっては，高校卒業まで施設で生活し，そこから社会に出る子どももいる。

　従来，日本の社会的養護は施設養護が中心だった。しかし今後は，里親家庭等における養護（家庭養護）を増やすように取り組みが始まっている。

　児童相談所や児童福祉施設の職員の仕事は，何らかの理由で家族と共に暮らすことができない子どもたちの人生設計（ライフデザイン）を支援する，とても重要な役割を担う専門職である。

　責任が重く，また辛いことも多い仕事だが，この仕事でなければ味わうことができない「やりがい」に満ちた仕事でもある。一人でも多くのみなさんにこの仕事に関心を持ってもらうこと，また共にこの道を歩んでくれる後輩が増えてくれることを筆者は切に願っている。

コラム2-1　ゆりかごに預け入れられた児童の措置援助等のフローチャート

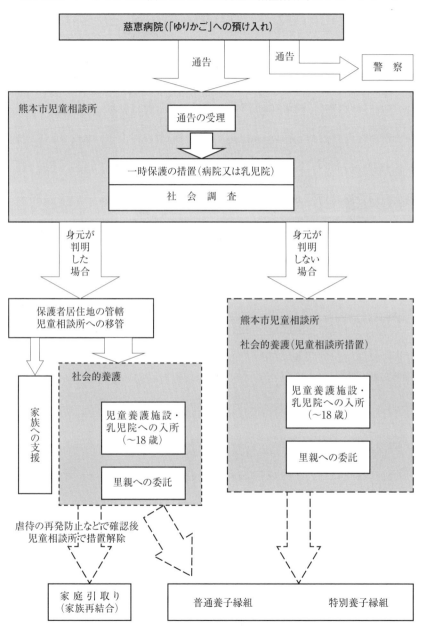

出所）熊本市要保護児童対策地域協議会こうのとりのゆりかご専門部会（2012）p.6

コラム2-2　慈恵病院と関係機関との連携図

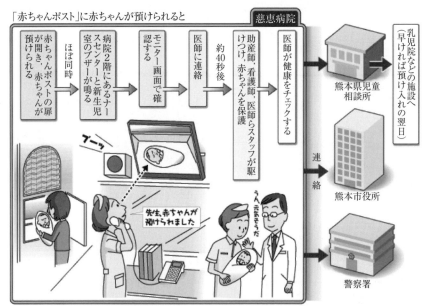

読売新聞ホームページ（www.yomiuri.co.jp/nie/sp/2007/08/01.htm）より
2007年8月3日閲覧

〈参考文献〉

熊本市要保護児童対策地域協議会こうのとりのゆりかご専門部会（2012）『「こうのとりのゆりかご」検証報告書』。

鈴木崇之（2005）「児童家庭福祉サービス」喜多祐荘・小林理編『よくわかるファミリーソーシャルワーク』ミネルヴァ書房，pp.80-85。

第5章　児童福祉司のロールモデル

―― 野本三吉と川﨑二三彦 ――

● ね　ら　い ●

「児童福祉司になりたい！」という学生の声を最近よく耳にする。1990年代の頃は，児童福祉司はおろか，児童相談所という機関が存在していることすらも，それほど知られてはいなかったように思う。そういう意味では，子ども家庭福祉をめぐる社会状況は，この20年間でかなりの変化をとげたように感じられる。

とはいえ，そのような学生が，児童福祉司の仕事について詳しく知っているわけではないというのも事実である。

それは無理からぬことかもしれない。たとえば，福祉系の大学・専門学校等の授業で必ずといって良いほど取り上げられる日本の社会福祉実践家としては石井十次，留岡幸助，賀川豊彦，糸賀一雄などが挙げられる。だが，これらの人物はいずれも日本社会福祉史上の重鎮として地位を認められている存在であり，実際に戦後の日本において児童福祉司として実践を行った人物や現在も児童福祉司をしているという人物に触れられることは少ない。

しかし，児童福祉司がどのような仕事をしているのか，そしてどのようなことで悩み，どのようなことで仕事の充実感を味わっているのかを知らなければ，私たちは児童福祉司の存在と実態を理解し，その仕事を目指すことはできないであろう。そのためには，より近い歴史スパンにおけるロールモデルが必要となる。そこで，本章では，実際に児童福祉司として活躍した経験があり，かつ自らの実践経験をもとにした著作で多くの児童福祉司に影響を与えている，野本三吉と川﨑二三彦の2人を紹介することとする。

野本三吉は，1991（平成3）年に児童福祉司を退職し，その後は大学で後進の育成に尽力した。一方，川﨑二三彦は，2007（平成19）年3月まで児童相談所の現場に立ち続けた。本章ではさしあたり，野本三吉を「1980年代的児童福祉司のロールモデル」として，川﨑二三彦を「1990年代的児童福祉司のロールモデル」として位置づけ，両者の児童福祉司観の相違について検討していく。

この作業の上に，「21世紀の児童福祉司」のモデルを描くのは，読者の皆さんに委ねられることになるだろう。

1 児童福祉司の仕事

　児童相談所の児童福祉司が最も参考にしている文献のひとつとして，厚生労働省による「児童相談所運営指針」がある。ここでは本書に依拠しながら，まずは一般的な児童福祉司の職務概要を確認しておくこととする。管轄区域人口による違いはあるものの，児童相談所は，基本的に総務部門，相談・判定・指導・措置部門，そして一時保護部門の3部門に分かれる。児童福祉司は主に，相談・判定・指導・措置部門に関わり，「子ども，保護者等から子どもの福祉に関する相談に応じること」「必要な調査，社会診断を行うこと」「子ども，保護者，関係者等に必要な支援・指導を行うこと」「子ども，保護者等の関係調整（家族療法など）を行うこと」を職務内容としている（厚生労働省　2013：19）。

　それでは，児童福祉司の具体的な日常とはどのようなものであろうか。野本は，それを次のように描いている。

　　「ぼくの勤めていた児童相談所の例でいうと，勤務は，午前八時四十五分から午後五時まで，日曜，祭日は休みとなっている。

　　週のうち二度，午前中に判定会議がある。また，週一回，午後には健康診断日があり子どもたちを診察してもらう。その他，相談係の会議や，分担による業務の会議が入り，行事があると，そのための準備で連日，会議が入ることもある。だいたい，一人のケースワーカーは，平均百ケースを担当している。

　　朝，職場に着くと，すぐ電話が入り，それぞれ相談に応じはじめることになる。

　　昼食時間も，電話相談があると食べられないことも多い。午後は，家庭訪問，学校訪問，施設訪問が多く，出かけると，夜遅くなる。また，日曜日も，行事や気になっているケースとの電話連絡，あるいは訪問などで，実際にはうごいてしまうことが多い。」（野本　1996b：228-229）

この野本の記述は，1980年代の横浜市における児童相談所の様子をもとにしたものであるが，他の児童相談所における児童福祉司の様子もほぼ類似の多忙さだと考えてよいであろう。
　以上のことを踏まえながら，以下では野本三吉と川﨑二三彦による児童福祉司実践の記録をもとに，児童福祉司の具体的な仕事について，それぞれの時代背景や児童福祉司観にも注目しつつみていくことにしたい。

2　野本三吉──「共に悩む同世代人」としての児童福祉司実践──

　野本三吉は，1982（昭和57）年4月から横浜市南部児童相談所の児童福祉司となった。その後，1991年4月に横浜市立大学の教員となるまで，10年間にわたり児童相談に携わっている。児童福祉司となるまでの野本の経歴は，非常に風変わりである。1964（昭和39）年4月，横浜国立大学を卒業した野本は横浜市の小学校教諭となった。しかし1968（昭和43）年9月に教職を辞し，その後日本各地の共同体（コミューン）をめぐる旅に出る。
　1972（昭和47）年4月に横浜に戻った野本は，山谷，釜ヶ崎と並ぶ日本3大スラムのひとつである寿町に設立された「寿生活館」に生活相談員（横浜市民生局職員）として赴任する。そこで彼は寿町の「一住民」に近いスタンスで，10年間「地域福祉」に取り組むことになる。
　寿生活館時代の野本の「ソーシャルワーク実践観」は，次の一文に凝縮されている。

　「三十歳の時，ぼくは，横浜にある寿町という日雇労働者の街で，生活相談員という仕事につくことになった。
　寿町の真ん中にある，横浜市立寿生活館。かつてあった隣保館のようなものである。
　住民のあらゆる相談にのるところ。生活保障のない日雇労働者にとって，仕事がなく収入がなくなったり，病気になったりすれば，即，生活に困る。

そうした直接的な相談から身の上相談，アルコール依存症になって苦しむ人との相談，そして，生き甲斐や文化活動への援助と，文字通り『生活館』と呼ぶにふさわしい仕事だった。この街で，ぼくは十年暮らした。ぼくもこの街の中の簡易宿泊所（ドヤ）に泊まり，街の人たちと一緒に生活しながら，相談活動に応じていたのだった。」(野本　1996b：296-297)

「自分も街の住民となり，住民たちと共に悩み，考えていく」という，野本の「共に悩む同世代人」としての「ソーシャルワーク実践観」は，児童福祉司になっても引き継がれていく。

「児童相談所といえども，それは一つの行政の機関であり，(中略)そのために，誰が担当になっても同じような対応をする必要が生じてくる。つまり，同じレベルの対応をするというルールが自然に出来上がってくるのである。
　けれども，人と人との出会いには，別の側面から見ると『縁』という考え方もある。その人と出会ったことによって，新たな展開が始まることも多い。ぼくは行政の一機関である児童相談所であっても，出会いの中にある相互変革，自己変革の可能性に賭けてみたいと考えたのであった。
　それをひとことで言えば，出会った子ども達と，同じ時代を生きるひとりの人間として，喜びや悲しみや悩みを出来る限り共有して生きてみたいという希望である。出会った『縁』を大事にして，並んで歩いてみようという一つの決意であった。
　ところが，こうした思いで仕事を始めると，自分自身の生活もまた開いていかなければ関係が展開しないという事実にも気づかされることになった。ぼくがどんな人間であるかがわからない中で，子どもが自分を開ききることはないという単純なことが，ぼくにも徐々に見えてきたのであった。つまり，ケースワークとは，相手を受容することではあるが，さらにその先に，相手から受容されなければ何ごともはじまっていかないということであった。」

(野本　1996b：296-297)

　このような野本の「出会った『縁』を大事」にしながら，「まず，自分自身を開いていく」ケースワークとは，実際にどのようなものであったのだろうか。野本が，実際に担当したケースとその家族とのやりとりを元にした著書『風になれ！子どもたち　──児童ケースワーカー・十年の記録から──』からみてみることにしたい。

　たとえば，親から身体的虐待を受けていた「家族のなかで孤立する陽子ちゃん（小学三年生）」のケースでは，野本の児童福祉司実践の様子が，次のように描かれている。

　野本は，近所からの通報を受け，看護師に同行してもらい現場に駆けつける。野本が「いのちは大丈夫かな」と心配するほど，やせて気力もうせた陽子ちゃんは，看護師に応急手当をうける。「すぐに病院へ連れていった方がよい」という看護師の助言をうけ，野本は「主人が帰ってきてから連れていきます！」と叫ぶ母親を振り切り，陽子ちゃんを病院へ連れていく。医師によって「被虐待児症候群──緊急避難として両親よりの隔離が必要と思われる」と診断された陽子ちゃんは，一晩児童相談所で一時保護されることとなる。翌日の入院を両親に同意してもらうために，野本は再度家庭訪問をする。このとき，自分たちが行った「虐待」行為を認めようとしない両親に，「ぼくは，子育てというのは難しく，子どものことを専門にしているぼく自身が，家庭では子どものことで悩んでいるという話を率直に話しながら，これからどうしていったらよいのかを一緒に考えあいましょう」と野本は話しかけている（野本　1996b：34）。

　この後の部分では，徐々に雰囲気がほぐれて行く中で，野本は父親と母親それぞれの陽子ちゃんへの思いを聞き取る。翌日には，入院に立会い，また数日後には祖父母の家を訪ねて，祖父母の思いを聞き取りながら，ケースワークを継続していく様子が描かれている。

　また，「万引きと不登校」ということで警察からの通告を受け，野本が担当

となった「幸子さん（小学6年生）」のケースにおける，野本の児童福祉司実践は，次の通りである。

　初回の家庭訪問の後，幸子さんのケースは幸子さんひとりではなく，その友だちと一緒に解決するしかないと野本は判断した。無理に登校を促すことはせず，近所の「にこにこ学童保育」に対象学年より年長の幸子さんたちを受け入れてもらえるように依頼する。そして，野本のコーディネートの下，児童相談所の学習ボランティア6名と幸子さんたち6名のマンツーマンの学習が学童保育でスタートする。さらに，幸子さんたちの希望にもとづき，地域のお母さんたちにも協力してもらい編物教室や，パンづくりなどを行う。

　野本は，幸子さんたちの通う小学校を訪問し，校長と担任教諭と面接し，これまでの経過を説明する。後日，校長が学童保育を訪問してくれる。また，担任教諭たちは丁寧に家庭訪問を行い，親とのコミュニケーションを深める。

　野本は，幸子さんの一家をサポートするために，小学校，児童相談所，保健所，民生委員，学童保育，ボランティアが集まる情報交換会を定期的に開く。地域からの受け入れ体制が整っていく中で，幸子さんたちは小学校卒業前に学校へ通うようになる。また地域の人たちの働きかけもあり，幸子さんの一家は六畳一間のアパートから市営住宅へと優先的に入居できることとなった。野本を中心とした地域住民によるサポートネットワークは有機的に連携し，孤立しがちであった幸子さんの家族は，地域に根ざすことができるようになっていく。

　これまでみてきたように，野本のソーシャルワーク実践はつねに「共に悩む同世代人」として支えあうという方向性をもっている。

　しかし，児童虐待が社会問題としてクローズアップされている現代からの観点で見ると，このようなソーシャルワーク実践は，野本個人の児童福祉司としての力量もさることながら，児童虐待時代到来以前の1980年代であったからこそ可能であったという時代的背景を見逃すことはできない。たとえば，先に紹介した陽子ちゃんのケースでは，野本は母親を振り切って陽子ちゃんを病院へ連れていき，緊急一時保護の後，親からの同意を得ることに成功している。

しかし，現代では児童相談所の措置に対し，親が不服申し立て等を行うという事態も増えつつあり，児童相談所が家族への介入を行うには，非常に慎重かつ法にもとづいたシステマティックな対応を求められるようになっている。

次節では，このような「児童虐待時代」における繊細なソーシャルワークの様子を，川﨑二三彦の実践から見てみることにしたい。

3 川﨑二三彦 ──「機関の役割」に内在しながらの児童福祉司実践──

1982年から1991年にかけて児童福祉司として活躍した野本三吉と交錯するかのように，川﨑二三彦は1989（平成1）年から児童福祉司となった。児童福祉司になる以前の川﨑は，京都大学卒業後1975（昭和50）年4月に京都府舞鶴児童相談所の心理判定員（現在の「児童心理司」）となり，その後児童相談所ひとすじで2007年3月まで子ども家庭福祉の実践を行った。

川﨑の「児童福祉司観」を理解するために，まずは川﨑が，心理判定員と児童福祉司の職務内容を比較した上で，自らのソーシャルワーク観について言及した一文をみてみることにしたい。

『かつて私は心理判定員をしていましたが，心理職の場合，極端に言えば，たとえ児童相談所を飛び出してもカウンセリングや心理治療を行う場はいくつもあると思います。けれど今やっている児童福祉司となると，児童相談所を離れてはなにもできません』

『専門性についての議論が盛んですが，心理職の場合は，どちらかというと臨床家としての個々人の技量がより強く問われるのに対し，児童福祉司は，行政機関である児童相談所のもつ権限や役割を適切に体現していく力が重要だと思います。したがって，いかに優秀な児童福祉司，ソーシャルワーカーであっても機関のもつ限界に制約されるのであり，逆に児童相談所の一員であることによって守られることも多いのです』

要するにソーシャルワークというのは，問題を抱え，悩みをもっている人

に対して，たとえば心理治療のように個と個が真摯に向き合うことで援助するというにとどまらず，"現在の制度や社会資源の状況をきちんと見据え，それらに依拠しながら，相談に来た人とともに具体的な解決の道を目指すもの"ではないだろうか。」(川﨑　2001：3-4)

　ここで川﨑は，心理臨床を「個と個の向き合い」として位置づけ，一方でソーシャルワークを「機関の役割に内在するもの」として捉えている。このような児童福祉司観を持つ川﨑は，どのような実践を行っているのだろうか。川﨑の著書からそれを見ていくことにしよう。
　川﨑の「子どものためのソーシャルワーク」シリーズは，雑誌『児相の心理臨床』に掲載された川﨑によるケース報告を『虐待』『非行』『家族問題』『障害』というそれぞれの巻にまとめなおしたものである。
　4つのケースが挙げられている『虐待』の中で，第1章「ブラックボックス」は心理判定員から児童福祉司に転じたばかりの川﨑が，初めて小児科医からの通告を受けて関わることとなった被虐待ケースの一年間の記録である。36ページに渡る詳細な記録なので，ここでその全体像をまとめるのは困難である。以下，川﨑の児童福祉司実践に絞って，みていくことにしたい。
　児童福祉司として着任したばかりの川﨑のもとに，小児科医から通告の電話が入る。1歳半の森田啓一くんが頭蓋骨骨折，四肢挫傷，皮下血腫で入院したのだが，「被虐待児症候群の疑いが高く，児童相談所との連携の必要性を感じる」というものであった。通告を受けた川﨑が，児童相談所に保管されているファイルを調べてみると，半年前にも医師から通告があり，前任の児童福祉司が保健婦と協力して動いていたケースであったことが判明する。
　まず，川﨑は，これまでのケースの経緯をレジュメにまとめ，受理判定処遇会議（ケース会議）に提出し，今後のケースワークの方向性について児童相談所として協議している。その後，川﨑は，小児科医師，家庭裁判所調査官に面接し，保護者の同意が得られない場合における施設入所の可能性を検討してい

る。続いて、通告の3週間前に啓一くんと両親が外来受診していた肢体不自由児施設に電話をし、その時の様子を聞き取っている。これらの調査をふまえて第2回目ケース会議が行われ、病院に啓一くんの入院継続を依頼しつつ、さらなる調査が継続された。川﨑は、単独入院可能な小児科病棟を調べ、保健所の精神科医から家族に関する情報を得た。その後、家族が啓一くんを退院させたいという要望を出し始めたため、川﨑は、医師と相談し、父親と児童相談所で面接することの了承を得るに至る。家族との面接を前に、川﨑は、相談判定課長、判定指導係長と小ミーティングを行い、面接の方向性を事前に確認している。そして臨んだ父親との面接の結果、啓一くんの心理診断を行うことの同意を獲得した。さらに川﨑は、啓一くんの心理診断を実施し、その結果をめぐって祖母と話し、祖父にも会うことができた。

　第3回目ケース会議でこれまでの経過を報告した結果、まだ一度もなされていない母との面接を行うために、「訓練のための母子入園」という形で施設入所をすすめることになった。その後、心理診断の結果を母と祖父に伝え、啓一くんは退院後、肢体不自由児施設に母子入所することとなった。その半年後、祖父母は、面会をするために施設を訪れ、歩き、しゃべることができるまでに回復、成長した啓一くんの姿を見て、驚き、喜ぶ。ところが、その後毎日面会し、引き取り要求をするようになる。父親からの要求を受けて川﨑が行った面接でも、強い引き取り要求が出された。川﨑は2回目の心理診断を行い、判定指導係長・施設の婦長とワーカーで対応を協議している。川﨑は、心理診断の結果を踏まえ、急な退園はさせずに、外泊などを実行しながら徐々に様子をみる方向性を母と祖母に伝えた。しかし、初回の外泊後、父親の強い主張のため啓一くんの帰園はなされず、そのまま退園という結果となってしまった。川﨑は、このケースの処遇にあたり、「児童相談所の内部のケース会議を重視」し、また「関係機関からの情報を重視して、多くの機関とコンタクトをとり」、またこの家族を何か特別の存在として扱わず「私たちと同じように悩み、考える人として遇する」ことに留意したと論じている。

川﨑による児童福祉司実践記録の特徴は，時間軸に沿って「いつ，誰が，どこで，何をしたか」ということがしっかりと再構成されていることである。なかでも特筆すべき点は，時間の経過に従って新しい情報が入るたびに，それまでの想定が覆されていく中で，それでも臨機応変な児童福祉司実践を行う様子が克明に記されている点である。
　さらに，ケースの方向性を決定するような重要な場面においてはケース会議などを利用して，極力「児童相談所としての対応」を心がけている姿も印象的に描かれている。とはいえ，個々の場面では川﨑個人が判断せねばならないことも多い。そのような場面にそなえて，川﨑はつねに想定される展開を予測し，面接の進め方などの細かい部分にまで配慮をしていることが記録から読み取れる。
　しかし，特に児童虐待などで親から同意が得られないケースについては，「児童相談所として下した決断・結果」と「『もっと自分がこうしていれば』という児童福祉司と一個人が混在したところでの思い」が100％一致することはむずかしい。
　たとえば，第2章「雪解けぬ春」では，実母と同居男性からひどい身体的暴力をふるわれていた小学6年のツトムくんを祖母に引き取らせる決定をしたことについて，川﨑がその「児童相談所として」の決定に措置後も悩み続ける姿が描き出されている。

　「ツトムの母親に対し，私はもしかして取り返しのつかぬことをしたのではないか，こんな思いが脳裏を駆けめぐる。"一体どうして退院後にもう一度母親に理解を求めようとしなかったのか""児童福祉司指導のことも，決定する前に母親に事前に話しておくべきだった""そもそも児童福祉司指導の対象を祖母にしたことだって検討の余地ありだ。まして何故，決定通知を祖母に出したのか，指導を受ける者は祖母であったとしても，通知はまず母にすべきだったのでは……"だが，覆水盆に帰らず，決定の覆しようがない。」(川﨑　1999b：110)

川﨑二三彦の児童福祉司実践の記録から感じることができるのは,「役割としての児童福祉司」と「一個人としての想い」の間にあるディレンマさえも肯定して,進んでいこうとする姿である。

4　野本三吉と川﨑二三彦の「ソーシャルワーク観」の比較検討

　野本三吉と川﨑二三彦の「ソーシャルワーク観」には大きな違いが存在する。それは,児童福祉司になる以前の実践や経験をもとに形成された野本の「共に悩む同世代人」としての「ソーシャルワーク観」が,社会的役割としての「児童福祉司」そのものを超え出て行く方向へとむかっていったのに対して,川﨑は,「機関の役割」に内在しながらの児童福祉司実践を追求しているという点である。

　野本は,2000年に著した「実践的ソーシャルワーク論への課題」という小論の中で,リプスキーの『行政サービスのディレンマ』や畠山弘文の『官僚制支配の日常構造 ——善意による支配とは何か——』に言及しながら,児童相談所のような希少性のある社会的資源のスタッフが,「善意」をもってクライアントと関わればかかわるほど,クライアントの自立を妨げ,「非自発的依存」を深めてしまうというディレンマに言及している（野本　2000：122-126）。

　これらの指摘は,アメリカにおけるソーシャルワークの歴史を振り返りながら,ソーシャルワーカーによる調査を「優しさ」を前面に押し出しつつも,その背後にクライエントにはみえない「隠れた目的」を持つ営みであると分析するマーゴリンなどの研究などにもつながっている（マーゴリン　1997＝2003）。これらは,「そもそも,ソーシャルワークは誰のためのものか」を再考する上で,欠くことのできない論点であるといえる。

　他方,川﨑二三彦は「専門性と処遇力,その2」という論文の中で,正津房子・津崎哲郎・野本三吉を「偉大なケースワーカー・トライアングル」と呼び,それぞれの特質を活かした児童福祉司実践を非常に高く評価している。

　ところが,これらの児童福祉司のような実践は,あまりにそれぞれの人間の

特殊な才能に裏打ちされた実践であるため,「これを全ての児童福祉司に求めることはできないのではないか」と述べる (川﨑　1998：127)。

このような考察の末に川﨑がたどりついたのは「凡人の道」,すなわち「あるいは孤立し,あるいは悪条件にもめげず,悩み,迷いながらも奮闘努力している児童福祉司が全国には無数に存在し,彼らこそが,日本の児童福祉・児童相談を下支えしているという事実」(川﨑　1998：139) であり,そのような「凡人」たちが指針とすることができる「児童相談所における実践的なケースワーク論」と「そのような児童福祉司を支える処遇システムの整備,すなわち"機関としての処遇論"」(川﨑　1998：144) を追求することであった。

川﨑が,「凡人の道」に児童福祉司としての自らのあり方をアイデンティファイしたのは,1998年前後の児童福祉法改正論議の最中であった。その後,2000 (平成12) 年11月には児童虐待防止法が施行され,全国の児童福祉司が,対応に苦慮しながらも慎重に進めてきた「児童虐待ケースに対する児童相談所の家族介入」は,法的な裏付けを強化されて「迅速かつ的確な対応」を求められるようになった。また,日本弁護士連合会子どもの権利委員会による『子どもの虐待防止・法的実務マニュアル』(1998) や旧厚生省による『子ども虐待対応の手引き』(1999) などのマニュアルの類も出版されるようになってきた。しかし,このように「児童虐待」の社会問題化が進み,児童福祉ケースワークの法的色彩とマニュアル化が強まる中で,川﨑は,次の2つの方向性を戦略的に打ち出しているのだといえる。

そのひとつは,「児童福祉司」としての社会的役割の限界を批判的に見極める眼力を持ちつつ,その範囲内において,なすべきことをなしうる児童福祉実施体制作りを行うこと,すなわち「機関としての処遇論」をまず確立することである (川﨑　1999b：26-32)。

もうひとつは,具体的な場面場面における細かい判断で迷い悩む自分をも肯定しながら記述し,分析することの継続である。児童福祉司という社会的役割に就いていながらも,「凡人」として,クライエントと「共に悩む同世代人」

として蠢くこと，そして，その姿を「クライエントのケース記録」としてよりも，自ら悩みつつケースと共に歩んだ記録として記述することこそが，川﨑のいう「児童相談所における実践的なケースワーク論」の蓄積であるといえるだろう。

野本の「児童福祉司という社会的役割を超える」スタンスと，川﨑の「児童福祉司という社会的役割に内在」し，「機関としての処遇」の充実を求める議論とは，この側面だけを対比すれば矛盾しているようにみえる。しかし，児童福祉司実践の地平に「『共に悩む同世代人』として生きる」というベクトルを置きながら，「児童相談所における実践的なケースワーク論」を求めている点において，野本三吉と川﨑二三彦は，1980年代と1990年代以降という時代背景の相違を超えた普遍性を共有しているのだと言える。

〈参考文献〉

畠山弘文（1989）『官僚制支配の日常構造――善意による支配とは何か――』三一書房。

川﨑二三彦（1998）「専門性と処遇力，その2」 全国養護問題研究会・全国児童相談所問題研究会編『日本の児童福祉⑬』

川﨑二三彦（1999a）「専門性以前に必要な実施体制の充実 ――児童相談所の現場から」『季刊福祉労働』No.84：26-32。

川﨑二三彦（1999b）『子どものためのソーシャルワーク① 虐待』明石書店。

川﨑二三彦（2000a）『子どものためのソーシャルワーク② 非行』明石書店。

川﨑二三彦（2000b）『子どものためのソーシャルワーク③ 家族危機』明石書店。

川﨑二三彦（2001）『子どものためのソーシャルワーク④ 障害』明石書店。

川﨑二三彦・鈴木崇之（2010）『日本の児童相談―先達に学ぶ援助の技―』明石書店。

厚生労働省（2013）「児童相談運営指針」（平成25年12月27日改訂版）

厚生省児童家庭局監修（1999）『子ども虐待対応の手引き』日本児童福祉協会。

マーゴリン，L．（1997＝2003）（中河伸俊・上野加代子・足立佳美訳）『ソーシャルワークの社会的構築――優しさの名のもとに――』明石書店。

リプスキー，M．（1998）（田尾雅夫訳）『行政サービスのディレンマ――ストリートレベルの官僚制――』木鐸社。

日本弁護士連合会子どもの権利委員会（1998）『子どもの虐待防止・法的実務マニュアル』明石書店.
野本三吉（1996a）『野本三吉ノンフィクション選集①　不可視のコミューン　——共同体原理を求めて——』新宿書房.
野本三吉（1996b）『野本三吉ノンフィクション選集②　風になれ！子どもたち　——児童ケースワーカー・十年の記録から——』新宿書房.
野本三吉（1996c）『野本三吉ノンフィクション選集③　風の自叙伝　——横浜・寿町の日雇労働者たち——』新宿書房.
野本三吉（1996d）『野本三吉ノンフィクション選集④　裸足の原始人たち　——横浜・寿町の子どもたち——』新宿書房.
野本三吉（2000）「実践的ソーシャルワーク論への課題」川﨑二三彦『子どものためのソーシャルワーク②　非行』：122-126.
岡田隆介編（2001）『児童虐待と児童相談所——介入的ケースワークと心のケア——』金剛出版.

コラム3

ライフヒストリーを読む／ライフヒストリーを創る

　私が，川崎市中央児童相談所で嘱託職員をしていた1990年代初頭は，良い意味でも悪い意味でも児童福祉は注目されておらず，入手しやすい実践記録はまだまだ少ない状態だった。

　そんな中で，私が何度も読み返して目標にしたのは，後に恩師ともなる野本三吉先生の『風になれ！ 子どもたち ——児童ケースワーカー10年の記録——』（新宿書房）だった。

　野本先生は，1980年代の非行ブームの只中の横浜市において，児童相談所のケースワーカー（児童福祉司）として活躍された。本書は，その10年間の実践記録をまとめたものである。

　ある日，近所からの通報を受け，看護師と共に現場に駆けつけた野本先生は，「いのちは大丈夫かな」と心配するほどに，やせて気力もうせた小学3年生の陽子ちゃんと出会う。応急手当にあたった看護師から「すぐに病院へ連れていった方がよい」という助言をうけると，野本先生は「主人が帰ってきてから連れていきます！」と叫ぶ母親を振り切り，陽子ちゃんを病院へ連れていく。

　医師によって「被虐待児症候群」と診断された陽子ちゃんは児童相談所での一時保護の後，入院することとなった。翌日，入院についての同意を得るために，野本先生は再び両親の元を訪れた。

　このとき，自分たちが行った「虐待」行為を認めようとしない両親に，野本先生は「子育てというのは難しく，子どものことを専門にしているぼく自身が，家庭では子どものことで悩んでいる」と率直に伝えながら，「これからどうしていったらよいのかを一緒に考えあいましょう」と話しかけている。

　この後の部分では，徐々に雰囲気がほぐれて行く中で，父親と母親それぞれの陽子ちゃんへの思いを聞き取る等，野本先生流のケースワークが展開されてゆく様子が描かれている。

　この実践記録の中で私が最も感動したのは，児童相談所ケースワーカーという「児童福祉の専門家」然として虐待親に対するのではなく，「ぼく自身が子どものことで悩んでいる」という風に同じ悩みを抱えて生きる同時代人として両親に接する野本先生の姿である。

　相談を「する側」と「される側」という分断を越えて，この社会の中で助けあいながら生きていこうという相互扶助の原点を，ここから感じることができる。

私は，この実践記録を読み，野本先生の実践家としてのあり方に「児童相談所のケースワーカー」という枠を超え，「ひとりの人間」として他者に向き合っていこうとする独特のスタイルを感じた。そして，「野本先生は，どうしてそういうことができる人になったのだろう？」と興味を抱き，野本先生が，全国を放浪する旅人だった頃に書いた『不可視のコミューン』（新宿書房）や，ドヤ街に住み込んで生活相談員として働いた時の記録である『裸足の原始人たち――横浜・寿町の子どもたち――』（新宿書房）等を読み，野本先生が，放浪の旅人から社会福祉実践家へと成長していく過程――ひとりの人間のライフヒストリー（人生史）に触れるようになった。

　その後，不思議なご縁で野本先生と沖縄大学で2年間一緒に働くことができ，さまざまなことを学んだ。野本先生から教わったことは，本当にたくさんあるが，なかでも「日記や読書ノート等を日々蓄積し，年に1〜2回は自分の歩みを確認するために読み返し，整理してみること」という教示はとても重要だという気がしている。

　日々のそういった絶えることのない努力によって，詳細な実践記録が公にされ，貴重な現場実践について学んでいく機会を後進の私たちにも分けていただいているわけである。

　こういった，自分で自分のライフヒストリーを書くことの重要性のみならず，もうひとつ重要なことを私は今も野本先生から学び続けている。それは，他者の話をしっかりと傾聴し，他者のライフヒストリーを残していくことである。

　児童福祉の現場では，子どもはもちろんのこと，特に親からその家族の歴史（ファミリー・ヒストリー）を聞き取ることが重要とされている。しかし，このことは児童福祉実践においてのみ重要なわけではない。

　第二次世界大戦終戦から62年が経過し，戦前や戦時中の記憶を持って生きてこられた人びとが，少しずつ来世に旅立ってゆかれている。日本の代表的民俗学者である柳田国男が，近代化にさらされて失われていく民俗文化を収集せねばならないとかつて論じたように，今こそ戦前や戦時中の記憶を持って生きている人びとの「語り」を残しておかねばならないのだと私は感じている。

　野本先生と私が現在取り組んでいるのは，「沖縄児童福祉の父」である渡真利源吉先生のライフヒストリーの作成である。1944年10月10日のいわゆる「10・10空襲」を奇跡的に乗り越え，宮古島から沖縄本島に渡った渡真利青年は，その後27歳の若さで，当時米軍統治下にあって「日本」ではなかった「琉球」で，「児童福祉法」を作成するという使命を与えられることになる。そして，沖縄の児童福祉の制度や児童相談所などは，ほとんど渡真利先生の努力によって土台が築かれていったのである。

そんなすごい人なのに——いや，そうであるからこそ——全く偉ぶることなく，80歳を超えた今も渡真利先生は，沖縄の社会福祉のために奔走しておられる。
　ここ数年のうちに，渡真利源吉先生の著作集とライフヒストリーを刊行するというのが，私の目下の目標である。
　幸いなことに近年は「科学」としての体裁を保った「量的研究」のみならず，ケース研究やライフヒストリー研究等の「質的研究」にも脚光が当てられるようになってきた。桜井厚・小林多寿子『ライフストーリー・インタビュー ——質的研究入門——』（せりか書房）などは，入門書として最適の一冊である。
　あなたも，自分のおじいさんやおばあさん，尊敬できる先輩などの「ライフヒストリー」を作成してみませんか？ちょっとした興味で始めた聞き書きが，10年後，20年後には，大きな学問的価値を持つようになるかもしれませんよ。

第6章　事例と共に理解する社会的養護への措置

●ねらい●

　本章では，なかなか過程が見えづらい社会的養護への措置について，事例に基づいて学んでいく。
　事例1では，児童養護施設に措置されるきょうだいケースへの支援の様子を，特に児童相談所一時保護所の職員の支援の実際に焦点化して学んでいく。
　事例2では，児童相談所児童福祉司や児童養護施設のファミリーソーシャルワーカーたちが，児童養護施設に措置される子どもへの支援と併行して，家族に対しても支援を行い，家族再統合への取り組みを行っている様子を学ぶ。
　事例3では，児童福祉法と少年法との双方の連携の中で展開される，非行児童に対する支援の様子を学ぶ。
　事例4では，母子分離を行わずに利用できる児童福祉施設である母子生活支援施設を活用したDV被害者の母子への支援の実際を学ぶ。
　事例5では，登録世帯や委託児童数の増大が期待されている里親について，家庭養護ならではの支援ニーズの実態や，里親会における自助活動の重要性，そして養育里親から特別養子縁組への移行と支援上の課題について学んでいく。

1 児童相談所の措置機能と児童相談所一時保護所における支援

❖ 児童相談所一時保護所とは

　一時保護所とは，児童福祉法第33条に規定される子どもの一時保護を行うために，児童相談所に付設された施設のことをいう。2014（平成26）年4月現在，全国207ヵ所の児童相談所中134ヵ所に付設されている。

　一時保護は主として「緊急保護」「行動観察」「短期入所指導」が必要な場合に行われる。「緊急保護」は，棄児，迷子，家出した子ども等の緊急保護や，虐待等の理由によりその子どもを家庭から一時的に引き離す必要がある場合等に行われる。「行動観察」は，一時保護所の職員による入所児童の基本的生活習慣，日常生活の状況，入所後の変化等，子どもの生活全般にわたる参与的な行動観察とその記録作成のことで，この記録は子どもの援助方針を決定する際の重要な資料となる。「短期入所指導」は，一時保護所入所による短期間の心理療法，カウンセリング，生活指導等が必要なケースに対して行われる。

　入所児童の年齢はおおむね2歳から18歳までと幅広く，乳児以外の全ての年齢層の児童を受け入れている。相談種別も「養護」「非行」「育成」と児童相談所で受け付けているほとんどの種別に対応しており，また「障がい」のある子どもでも重度でなければ入所することがある。

　一時保護所での保護よりも児童養護施設や里親宅で保護された方が良いケースや，入院が必要なケース，乳児のため乳児院での保護が適当なケース等は，一時保護所以外の場所に委託されることがある。このような形態の一時保護を「委託一時保護」という。

❖ 児童相談所一時保護所における援助の基本

　児童相談所一時保護所は，多くの子どもたちにとっては保護者や親戚等と離れて暮らす初めての生活の場となる。特に，家庭復帰が困難な状況にある子どもにとって，児童相談所一時保護所は児童福祉の「入口」となる場である。

図6-1　東京都児童相談センター一時保護所の日課の例

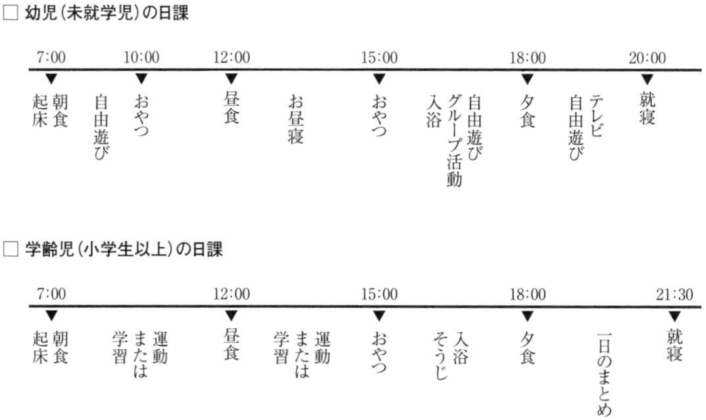

□ 幼児（未就学児）の日課

7:00	10:00	12:00	15:00	18:00	20:00
起床・朝食	自由遊び・おやつ	昼食	お昼寝・おやつ	自由遊び・グループ活動・入浴・夕食	テレビ・自由遊び・就寝

□ 学齢児（小学生以上）の日課

7:00		12:00	15:00		18:00		21:30
起床・朝食	学習または運動	昼食	学習または運動	おやつ	入浴・そうじ	夕食・一日のまとめ	就寝

出所）東京都福祉保健局ホームページ（http://www.fukushihoken.metro.tokyo.jp/jicen/ji_annai/annai/index.html）より

　子ども自身は保護者と一緒に暮らしたいにもかかわらず様々な理由でそれが不可能なケースもあり，入所時には様々な形で心理的な不安感を表現する子どももいる。その逆に，虐待等を受けて，家庭復帰を望まない子どもたちもいる。一時保護所の児童指導員や保育士は，そんな子どもたちの不安を受け止めながら，図6-1のような比較的ゆるやかな日課の中で生活を共にしている。そして，ごく「あたり前」の生活を送るなかで見えてくる，子どもたちの入所前の生活状況，子ども自身の持つ問題点，子どもの日常生活を支援するための適切な対応方法のあり方を，行動観察記録に記していく。

❖ 事例：児童福祉施設措置に不安を訴える子どもを支える一時保護所職員

　リナ（8歳）・ショウタ（6歳）・ジュンタ（4歳）は，トシオ（35歳）と離婚してシングルマザーのサトミ（33歳）と共に暮らしていた。しかし，離婚までは専業主婦であったサトミは，自分の能力を活かした職をなかなかみつけることができずにいた。児童扶養手当は受給しているもののトシオからの養育費振り込みは滞っており，サトミは女手ひとつで3人の子どもを養育するのが困難に

なりつつあった。そのようななか，サトミは仕事と生活のストレスからパニック発作を起こすようになった。精神科医によると，サトミの病名はパニック障害だけではなく，離婚前にトシオから受けて来たDVの影響によるPTSDもあるとのことで，仕事と育児から離れた環境下での入院治療が必要との診断であった。

リナ・ショウタ・ジュンタの3人とも，やっとトシオのDVから離れてサトミと平和な生活ができるようになった矢先のことで，ショックを受けた状態で一時保護所に入所することとなった。

一時保護所では，ベテランのタケウチ保育士が3人の担当となった。母親が父親からの暴力を受けている姿を見ながら育った3人は，それぞれ心理的虐待の状態にあったため，一時保護所入所からしばらく経過すると様々な問題を出すようになった。年齢の近い長男のショウタと次男のジュンタは，2人でいるときは「仮面ライダーごっこ」など力加減を考えた取っ組み合いなどをしている姿がみられたが，ここに他児が加わるとワザと急所を狙うなど陰湿な攻撃性があるところも確認された。

一方，年長のリナは「自分たちがお母さんの負担になっているのではないか」と，家での生活の中ではサトミの機嫌やパニック発作の症状に対して必要以上に過敏な状態で生活していたこともあり，一時保護所での生活の中で徐々に子どもらしさを取り戻していく様子が確認された。

児童福祉司の調査によると，サトミの両親は，サトミが若い頃に亡くなっており，また養育面で頼ることのできる親戚もいないとのことであった。リナたちの一時保護後，家族分離せずに生活できる方法を考え続けた児童福祉司であったが，サトミの治療および退院後の就職支援が必要なこと，そして無理な同居生活はリナたちにとっても心身の負担となる可能性があることから，リナたちを児童養護施設入所措置とすることが援助方針会議において決定された。

某月某日，サトミに児童相談所に足を運んでもらい，リナ，ショウタ，ジュンタ，そして児童相談所の児童福祉司および児童心理司で面接を行い，サトミ

の口からリナたちに「しばらく離れて暮らすこととなる」ことが告げられることとなった。児童相談所では事前に担当者が打合せを行い，面接当日の夜はタケウチ保育士が一時保護所の夜勤担当となり，リナたちのフォローに重点を置いて関わることとなった。

　面接でサトミから「しばらくは離れて暮らす，なるべく早く一緒に暮らしたいが治療の関係もあるので何時になるか今はまだわからない」という言葉を聞き，ショウタ，ジュンタは泣いて抵抗したが，リナは「お母さんの病気を治すのが大切だから，ワガママ言わないの！」ときょうだいを諭すなど，長女らしい振る舞いを見せた。特に，サトミに心配かけまいとして，面接終了時の別れの場面でも笑顔でサトミに手を振る姿が，かえって児童福祉司や児童心理司に痛々しさを感じさせた。

　上記の件を引き継いで夜勤に臨んだタケウチ保育士は，「今夜は寂しい気持ちを目一杯はきださせて，甘えさせてあげよう」と当日の夜勤のイメージを作り，ペアを組む児童指導員と打合せを行った。

　当日のリナの日記には「しばらくはお母さんといっしょにくらせないけれど，ショウタやジュンタといっしょにがんばる」と記されていたが，就寝時にタケウチ指導員から「泣きたい時は泣いてもいいんだよ」と言われると，堰を切ったように泣きだした。そして，本当はすぐにでも母親と一緒に暮らしたいこと，2ヵ月も一時保護所にいて友達と会えないだけでも寂しいのに今度は転校しなくてはならないのが辛いこと，児童養護施設での生活が怖くて不安であることを訴えた。

　タケウチ保育士はリナの気持ちを否定せずに受け止め，お母さんも児童養護施設に面会に行くこと，タケウチ保育士も時々遊びに行くこと，以前退所してリナと親しかった友達が措置予定の児童養護施設で待っていることを伝えると，夜半の2時すぎにやっと泣き止んで寝入ることができた。

　タケウチ保育士は翌日，昨夜の件を一時保護所職員と担当児童福祉司，児童心理司に引き継ぎ，リナきょうだいが不安なく児童福祉施設に移れるように施

設に事前見学に行ったり，施設の担当者に遊びに来てもらう等の配慮を十全に行うよう要請した。

また，児童養護施設への措置にあたって児童福祉司，児童心理司，タケウチ保育士の担当者3名は，児童養護施設に送付する援助指針を作成した。特に，児童心理司による心理診断やプレイルームにおける観察，そしてタケウチ保育士による一時保護所での丁寧な行動観察記録をもとに，長女として母親をサポートしながら弟たちのケアをしてきたリナには，子どもらしい伸びやかさを取り戻すための支援が必要であること，そしてDVを見て育ったショウタとジュンタにはその攻撃性を緩和させるための心理的支援が必要である旨が援助指針には記載された。

この援助指針と一時保護所から児童養護施設への措置に向けてのリービングケアが功を奏し，リナ，ショウタ，ジュンタの3人きょうだいは，大きな不適応を見せることなく新しい生活の場である児童養護施設に溶け込んでいくことができた。

❖ 児童相談所一時保護所の問題点

上記の事例のように，児童相談所一時保護所は子どもの措置決定場面に寄りそう等の重要な役割を担っている。しかしながら，一時保護所には様々な問題があることが指摘されている。

近年は虐待問題の影響等で入所児童数が増えており，児童福祉法第33条の第3項において「一時保護の期間は2ヶ月を超えてはならない」と記されているものの，それを超過することも多くなっている。

一時保護所では自由な外出が困難である，学校に行かなくても良いが適切な学習指導を受けられる環境整備が不十分である等の問題もあることから，保護児童数の増加および保護日数の長期化問題に対する早急な改善が求められている。

さらに，前述したように幅広い種別の多様な子どもがいることという「混合

処遇」状況は，これまで誰にも誉められることのなかった非行系の女児が幼児の面倒見の良さを誉められるなどといったメリットにつながる場合がある半面，一時保護所内での子ども同士のいじめ・暴力や，性的な問題などが生じやすいなどのデメリットも多く，抜本的な改善の必要性がある児童福祉システム上の大きな問題点となっている。

2　児童養護施設への措置と被措置児童の家族への支援

❖ 事例の概要

小学校3年生のリュウくん（8歳，男子）の母親（25歳）は成年になる前に，リュウくんの実父と結婚し，リュウくんを産んだ。しかし，結婚当初より実父の就労状態は安定しなかった。そのようななか，実父は母親に暴力をふるうようになった。

母親は23歳で離婚し，1年後に別の男性（継父）と再婚した。しかし，まだ年若い夫婦が新しい生活を築いていく上で，実父の面影を残すリュウくんは好ましい存在とはいえなかった。そのため継父と母親は，身体的虐待・心理的虐待・ネグレクト等，複合的な虐待をリュウくんに加えていくこととなっていった。

リュウくん自身，自分は虐待されるのにきょうだい（継父と実母の子どもたち）がかわいがられることが気に入らず，きょうだいをイジメてしまい，そのことでさらに継父と実母から虐待を受けるという悪循環が形成されていった。

児童相談所児童福祉司は，近隣の住民からの「深夜に子どもの異常な泣き声がすることが続き，また子どもの顔や身体にいつもアザがある。虐待が疑われる」との通告を受け，リュウくんを緊急一時保護した。その後，児童相談所の援助方針会議において，新しい夫婦がリュウくんを受け止める態勢をつくることができるまで，リュウくんを児童養護施設に措置することが決定された。

リュウくんは，どれほどの暴力をふるわれようとも母親が好きであり，一緒に生活できる日が来るのを待ち望んでいる。現在は，リュウくん以外の親子4人が自宅に同居している。

❖ 支援計画立案のためのアセスメント

リュウくんの措置が決定されるまでは3ヵ月の期間を要した。その間、一時保護所において生活していたリュウくんだったが、この期間にさまざまな情報が得られた。

① 児童相談所一時保護所のリュウくん担当保育士による行動診断

ADLは年齢相応。夜尿が毎日あるが、自分で処理できる。食事は好き嫌いが激しく、野菜が苦手であるが、職員が介助すれば、幼児のように甘えながらではあるが食べられる。

行動面の特徴としては、強い年上に媚び、弱いものイジメをする傾向がある。甘え下手でしつこくなりすぎる面もあるが、総じて安心できる大人の存在を常に求めている。

学習面は小学校1～2年に遡り、振り返りながら教えれば、理解力はある。母親が好きで、「家に帰りたい」と頻繁に職員にいう。

② 児童心理司によるリュウくんの心理診断

知能検査の結果、動作性IQに較べて言語性IQが劣るものの、小学校3年次の学級に戻るのに問題はない。

サンドプレイ等の様子では、他児への攻撃性と大人など頼れる存在への愛着行動が観察された。

③ 医師によるリュウくんの医学診断

骨折等はないが、拳によるものと思われる青アザが身体に数ヵ所残っている。アザがどうしてできたのかを質問すると、明らかな拳の痕のアザについても「自分でころんだ」というなど、親に対する本児なりの気遣いがある様子。心身の発達面での大きな問題は現在のところみられないが、甘えと攻撃性等に関する情緒面での配慮が必要。

④ 児童相談所児童福祉司によるリュウくんの家族の社会診断

実父は、離婚時に親権を手放しており、また母親によればアルコール依存等のためリュウくんの養育は不可能な状態であるとのこと。確認のために児童福

祉司が調査すると，実父はすでに他県に移住している様子であり，また実際の養育に携わってもらえる可能性も極めて低いように思われた。

　母親には実父からの暴力による心的外傷反応がみられ，個別の心理的対応が必要である。継父と母親の間に生まれた2人の子どもの育児支援に関しても，母親に負担がかかっている。

　継父からの聞き取りの結果，継父の就労状況が不安定であることがわかった。就労状況が安定すればリュウくんに対して落ち着いて対応できる見込みがある。

　これらの情報をもとに，児童相談所ではリュウくんの判定会議および援助方針会議が開かれた。当面，児童養護施設にリュウくんを措置して距離を置いた後に，家族関係の調整を行いつつ，最終的には家族再統合を図るという方向性が確認された。

❖ 支援計画に基づく援助内容と記録

① リュウくんへの対応

　児童養護施設に措置されたリュウくんは，担当児童指導員とラポールができると，さまざまな甘えを出すようになった。

　当初は「もっと折り紙出して！」といった物質的に困難な要求をするなどの「試し行動」が多く，その後は「おんぶして〜」「だっこ〜」などの身体的接触を求めるものが増えてきた。

　児童養護施設での当面の指導方針としては，これまでのリュウくんの被虐待歴等も勘案して，できる限りリュウくんを受容的に受け止め，「幼児還り」からの育てなおしを行いつつ，大人一般に対する信頼感を回復する作業を行うこととした。

② 家族への対応

　児童相談所児童福祉司および児童養護施設の家庭支援専門相談員（ファミリー

ソーシャルワーカー）は，リュウくんが新しい家族のなかで居場所をなくさないように，母親と継父に頻繁にコンタクトをとり続け，月に1回は児童養護施設にてリュウくんと家族との面接を行った。

　日雇いの肉体労働を転々として，職の安定していない継父に，地域の民生・児童委員は知人が経営する印刷工場を紹介した。工場主は職親的に社員を育てる能力のある人で，勤務態度が必ずしも良いとはいえない継父を暖かく見守りながら支援してくれている。

　実父から受けた心的外傷反応への対応のために，母親は女性センターのフェミニスト・カウンセラーのところへ月に一度通うようになった。当初は約束した日に行かないことも多かったが，カウンセラーが受容的に話を聴いてくれることがわかると，女性センターに通うのを楽しみにするようになった。

　また，継父と母親の2人の子どもの育児支援に関しては，地域子育て支援センターの相談員が対応した。子育てに負担感を抱きながら，アパートに閉じこもって育児をしていた母親も，地域子育て支援センターの育児講座や子育てサロンに参加し，表情も明るくなってきた。

❖ 事例の結果

① リュウくんの変化

　児童指導員らによる受容的なケアと幅広い年齢層の子どもたちとの集団生活経験によって，リュウくんには対人関係のスキルが身についてきた。泣く，わめく，暴力をふるう等の方法で要求を通すのではなく，気持ちを言葉にして伝えられるまでに成長した。

　年下の児童へのイジメはまだ残っているが，暴言や暴力等も徐々に柔らかいものに変化しつつある。

② 母親の変化

　母親は女性センターでのカウンセリングで，継父のリュウくんへの虐待に加担しなければ再び自分は一人ぼっちでリュウくんを育てねばならないという不

安感から，継父のリュウくんへの虐待に加担し，またみずからもリュウくんをお荷物と思ってしまっていたことを話すことができるようになった。そして環境が整えば，またリュウくんと一緒に暮らしたいという希望も表現するようになってきた。

地域子育て支援センターの相談員とは，育児以外のことについてもいろいろ相談し，頼ることができる間柄となり，孤独な育児から解放されて，のびのびと子育てを楽しめるようになりつつある。

③　継父の変化

印刷工場の工場主と民生委員の支援によって，仕事にも徐々に慣れ，勤務態度も向上してきた。

初期の児童養護施設における面接ではぎこちなかったリュウくんとのやり取りも，徐々にスムーズになってきた。

❖ 事例のこれからの課題と支援方法の課題

孤立し，さらに経済的に不安定な状態のなかで子育てを行ってきたリュウくんの母親と継父だったが，さまざまな人たちの支援のなかで，徐々に生活状況を安定させることができてきた。

児童相談所児童福祉司および児童養護施設のファミリーソーシャルワーカーは，月に1回の面接に加えて，月に一度，週末にリュウくんを帰宅させる練習を提案をした。母親も継父も，不安そうにではあったが，その提案を受け入れた。

もちろん，一朝一夕にリュウくんの帰宅支援がうまくいくはずはなく，リュウくんが帰宅すると，どうしても継父の攻撃性が惹起されたり，また帰宅後には児童養護施設内の幼児に対するリュウくんの攻撃性が一時的に増すなどの繰り返しのなかで支援を継続することになった。

この家族にとって確実に良くなったといえることの一つとして，リュウくんがトラブルを起こした際，母親が継父やきょうだいの側ばかりに立たずに，状況を客観的に見極め，トラブルをさばくことができるようになったことがあげ

られる。

　女性センターのカウンセラーと地域子育て支援センター相談員の支援のなかで，母親は親としての強さを取り戻すことができつつあるようである。

3　児童自立支援施設へ措置された少年に対する支援

❖「非行」とは何か

　そもそも「非行」とは，どのような行為を指すのであろうか。暴走族，万引き，カツアゲ等，「非行」らしいイメージを想像するのは簡単である。しかし，何が「非行」で何が「非行」ではないのかを改めて考えると，この問いは意外と難しいものであることに気がつく。

❖「非行」児童の定義

　①　少年法における「非行少年」の規定

　代表的な「非行」児童の定義として，少年法における規定をあげることができる。少年法では，「20歳に満たない者」を「少年」と定義しているため（第2条），以下「非行少年」という用語を使用する。ちなみに，ここでいう「少年」には，男性のみならず女性も含まれる。

　少年法第3条では，家庭裁判所の審判に付すべき少年として，次の3つの類型の少年があげられている。

1．罪を犯した少年
2．14歳に満たないで刑罰法令に触れる行為をした少年
3．次に掲げる事由があつて，その性格又は環境に照して，将来，罪を犯し，又は刑罰法令に触れる行為をする虞のある少年
　イ　保護者の正当な監督に服しない性癖のあること。
　ロ　正当の理由がなく家屋に寄り附かないこと。
　ハ　犯罪性のある人若しくは不道徳な人と交際し，又はいかがわしい場所に出
　　　入すること。
　ニ　自己又は他人の徳性を害する行為をする性癖のあること。

「1」の規定は，14歳以上20歳未満の刑罰法令違反者のことであり「犯罪少年」と呼称される。この場合，少年法に基づき家庭裁判所を中心とした司法機関により扱われることとなる。

「2」の規定は14歳未満の違法者のことで，「触法少年」と呼称される。この場合，児童福祉法に基づき児童相談所を中心とした行政機関により扱われる。以下に述べる事例のM子の場合は，このケースに当たる。

「3」の規定は，将来犯罪を起こすおそれのある「虞犯少年(ぐはんしょうねん)」と呼称され，現状では犯罪少年や触法少年ではない少年を少年審判の対象とできるとするものである。

ところで，少年法は第1条において「この法律は，少年の健全な育成を期し，非行のある少年に対して性格の矯正及び環境の調整に関する保護処分を行うとともに，少年及び少年の福祉を害する成人の刑事事件について特別の措置を講ずることを目的とする」と法律の目的を掲げている。したがって，少年法は「刑法」とは異なり，「罰するため」の法律ではないことを確認しておきたい。

②　少年警察活動規則における「不良行為少年」の規定

少年警察活動規則では，「非行少年には該当しないが，飲酒，喫煙，深夜はいかいその他自己又は他人の徳性を害する行為をしている少年」を「不良行為少年」(少年警察活動規則2条6号)として補導活動の対象としている。

補導活動は全国の警察の少年警察補導員，市町村に設置されている少年補導センターの少年補導委員等により行われている。

③　児童相談所における「非行」相談の規定

児童福祉領域で「非行」相談に対応している専門機関は，児童相談所である。児童相談所が受け付ける相談種別は，「養護」「保健」「障がい」「非行」「育成」の5種別の相談であるが，非行相談はさらに次の2種の下位種別に分類されている。

「ぐ犯等相談」は，「虚言癖，浪費癖，家出，浮浪，乱暴，性的逸脱等のぐ犯行為若しくは飲酒，喫煙等の問題行動のある子ども，警察署からぐ犯少年とし

て通告のあった子ども，又は触法行為があったと思料されても警察署から法第25条による通告のない子どもに関する相談」(「児童相談所運営指針」186) を受け付けるものである。

また「触法行為等相談」は，「触法行為があったとして警察署から法第25条による通告のあった子ども，犯罪少年に関して家庭裁判所から送致のあった子どもに関する相談」(「児童相談所運営指針」186) を受け付けるものである。

それぞれ児童福祉司が他機関と連携しながら，非行児童の処遇にあたっているが，近年は養護相談，特に虐待ケースへの対応に追われて十分に非行児童の処遇ができていない児童相談所も多い。

❖「非行」児童の処遇の流れ

① 事例の概要

M子は，離婚母子家庭の3人きょうだいの長女である。離婚後，母親が病棟看護師をしながら子どもたちを育てた。だが，不規則勤務の疲労から，母親は子どもたちに対して丁寧な関わりができなかった。M子は小学校高学年頃から弟と妹に暴力をふるい出し，中学校に入学すると不良仲間のメンバーとなりコンビニでの万引きを繰り返した。ある日，万引きを補導員に発見されたが，まだ13歳だったため児童相談所へ送致された。

② 児童相談所児童福祉司による調査

児童相談所には警察からM子に関する児童通告書が届いた。これを受け，児童相談所の非行担当児童福祉司は「触法行為等相談」として調査を開始した。

児童福祉司はM子と母親から，M子が非行グループに入るまでの成育史を丁寧に聞き取った。また，学校を訪ね，M子の担任，生徒指導担当，校長，M子の友人たちのそれぞれから話を聞いた。

M子は中学に入学してすぐに現在の非行グループと行動を共にするようになったこと，また自分より力が弱いと見なした相手にM子は容赦ない暴力・暴言をふるう傾向があることなどがわかってきた。

M子の母親は自身の疲労と弟妹のM子に対する恐怖心を訴えており，在宅でのM子の指導は困難な様子だった。児童相談所の受理会議では施設入所措置を視野に入れつつ，M子を一時保護し，行動観察を行うことが決定された。
　③　児童相談所一時保護所児童指導員による行動観察
　一時保護所に入所したM子は，非行グループの友人たちと連絡がとれないことから，入所後まもなく不安と苛立ちを表すようになった。
　入所1週間が経過し，一時保護所での生活に慣れると，職員の目の届かないところで入所中の小学校低学年児童や幼児に暴力や暴言をふるう場面も出てきた。
　ついに入所10日目には，小学6年生のN美を道連れに無断外出をし，コンビニで万引きを行った。翌日，万引きした品を持って帰所したところを一時保護所児童指導員に注意されると，再び無断外出してしまった。
　M子の無断外出と気まぐれな帰所は，一時保護中の他の児童を巻き込みながら，2ヵ月以上続いた。M子は無断外出中には必ずといっていいほど自宅に寄っていたが，母親から「どうして児童相談所を脱走してきたの!?」と言われると，家庭内で暴れた上で，どこかへ行ってしまうのだった。
　④　児童相談所の家庭裁判所送致決定
　M子担当の児童福祉司は，一時保護所での行動観察を踏まえ，M子を児童自立支援施設へ措置するという方向性を検討していた。M子が一時保護所に戻っている内に，児童福祉司はM子と児童自立支援施設へ見学に行き，M子自身の希望を聞きたいと思っていた。しかし，そのタイミングがなかなかつかめないままに，時間だけが過ぎていった。そんなある日，M子は出会い系サイトを使用して呼び出した男性を非行グループの男児と一緒に恐喝し，再び補導されてしまった。
　警察から「家庭裁判所送致が適当」との児童通告書が届くこととなり，児童相談所はM子の家庭裁判所送致を援助方針会議で決定した。
　⑤　少年鑑別所での監護措置
　家庭裁判所で裁判官と面接をした後，監護措置がとられ，M子は少年鑑別所

へ2週間入所することとなった。

　法務技官との面接の中でM子は，小さい時に父親から暴力を受けている自分を母親が守ってくれなかった状況が長く続いていたこと，母親が父親から暴力を受けている姿を見るのがたまらなく嫌だったこと，母親が離婚してもっと自分のことを気にかけてくれるかと思っていたが，長女として弟妹の世話ばかりを頼まれてつらかったこと等を，涙ながらに口にした。

　鑑別結果通知書では，暴力的な環境の中で，自分の感情を言語に置き換えて表現する力が十分に育っておらず，そのために突発的に行動化しやすい傾向があることが指摘された。

⑥　家庭裁判所調査官による調査

　家庭裁判所調査官は，児童相談所のM子担当児童福祉司と連絡を取り合いながら，改めてM子の生育歴，学校や児童相談所一時保護所における行動などを調査した。また，M子の母親，児童相談所一時保護所の担当児童指導員，学校教員，そしてM子自身との面接を行った。

　M子自身に「母親から守ってもらえなかった」という母親への過剰な思い入れと被害者意識があり，一方で母親には父親からの暴力の後遺症から精神的に不安定な面があり，M子の思いを受け止めながら仕事と家庭生活を両立させることは，現段階では非常に困難であることがわかってきた。

　調査官は，児童自立支援施設における保護処分が妥当であるとの処遇意見をつけ，少年調査票を裁判官に提出した。

⑦　家庭裁判所の少年審判

　母親，児童相談所児童福祉司，中学校担任教諭の立会いのもと，M子の少年審判が行われた。

　「どこで，どのように生活することを望んでいますか」という裁判官の問いかけに，M子は自宅に戻りたい旨を訴えた。裁判官はM子が帰宅を希望する思いを受け止めつつ，母親自身が自分のことで精一杯であることを伝えた。

　裁判官から児童自立支援施設への送致がM子に伝えられ，また母親にももう

一度M子を受け入れることができるように生活環境整備を行うことが求められた。M子も母親も，涙が止められなかった。

⑧　児童自立支援施設における保護処分

児童自立支援施設で1ヵ月は静かに過ごしたM子だったが，施設生活に慣れてくると，同じ寮舎のO代とつるみ，下級生に暴力や暴言をふるう場面も増えてきた。

児童自立支援施設は少年院とは異なる，開放的な処遇が特徴である。物理的に暴力や暴言を出せない環境に置くのではなく，M子がどのような場面でどのように暴力・暴言に訴えるのかを，児童自立支援専門員は適宜介入しつつ，生活場面の中で詳細に観察することになる。

ケンカの後，そのケンカについて，児童自立支援専門員は丁寧にM子とやりとりをした。最初の半年間は「テメーらにカンケーねーんだよ!?」「アイツがウゼーんだよ!!」「なんでアイツばっかり，かばうんだよ!?」の繰り返しだったが，M子だけを悪者にしようという姿勢が児童自立支援専門員にないことがM子に伝わると，徐々に信頼関係が形成されてきた。

併行して，心理職がマンツーマンで受容的な面接を積み重ねて行った。「自分の感情を言語に置き換えて表現する力が不十分」という法務技官からの所見を受け，ロール・レタリングによって，万引きの被害者や母親・弟・妹への感情や思いを言葉に置き換える作業を継続していった。

また，児童自立支援施設のバスケットボール部では身体能力の高さを発揮し，同時にチームワークの重要性も学び，M子は徐々に落ち着いた生活を取り戻していった。

❖「非行」化の要因は何か

なぜ「非行」は起こるのだろうか。2005（平成17）年版『犯罪白書』では，消費社会化・情報化等の急速な進行や労働面における多様化・流動化の進展により非行抑止機能として働いていた日本の社会的・文化的特質が変化したこ

と，学業不振やいじめにより学校や地域から排除され同じ境遇の仲間との結びつきを求めていくこと等を指摘し，「少年非行が家庭，学校，地域社会等の在り方の問題の反映であることを，まず大人自身が直視し，反省しなければならない」と論じている。

さらに，近年の「非行」に関する調査結果は，「非行」児童の成育の背景には幼少期に暴力をふるわれた経験や被虐待経験があることを共通して指摘している。

総務庁青少年対策本部が2000（平成12）年5月に発表した「青少年の暴力観と非行に関する研究調査」では，「小さいときに親から暴力を振るわれた」に「そうだ」「だいたいそうだ」と回答しているのは，一般の男子中学生（998名）が17.4％，一般の男子高校生が（1,091名）が22.7％であるのに対し，少年鑑別所在所中の少年では39.0％とほぼ4割もの少年が暴力を受けていた。また，法務総合研究所が2001年に行った「児童虐待に関する研究」では，少年院に入院中の男子2,034名，女子219名中，男子49.6％，女子57.1％に被虐待体験があった。さらに，国立武蔵野学院が2000年に行った「児童自立支援施設入所児童の被虐待経験に関する研究」では，児童自立支援施設入所児童の59.7％が虐待経験ありという結果が報告された。

ここから，「暴力が日常であった状況に育った子ども」は，すべからく「非行」に走ると短絡的に即断することは避けなければならない。しかし，暴力を「コミュニケーション方法のひとつ」として身につけた子どもには，自分より力の強い者に対しては従順に，そして自分より力の弱い者に対しては力による支配を強化していく傾向が存在することも事実である。

まだ，心身が未発達な小学生くらいの頃であれば，暴力が仲間内でのケンカ程度の範囲を超えることは多くない。しかし，中学生くらいになると身体も大きくなる分，暴力が他者へ与える影響も強くなる。また，暴力による他者支配の文脈に「金品を奪う」といった意味合いが付与されてくると，社会的には「犯罪」と見なされる行為に近づくことになる。

「非行」児童のうちほぼ半数の成育背景に被虐待経験があるという指摘は，「厳罰化」の方向に傾きつつある少年法「改正」の流れを再考する契機を私たちに与えてくれる。「子どもの健全育成」という児童福祉法および少年法の理念を活かすには，「非行」に走ってしまった子どもたちを「罰する」ばかりでなく，「育ち直し」をはかるための相談・援助体制の整備が重要である。とりわけ，子どもたちの外見や攻撃的な言動の背後にあるものを，しっかりと直視することのできる支援者の養成が不可欠であるといえる。

4　母子生活支援施設を活用した母子支援

❖ 母子生活支援施設とは

母子生活支援施設は「配偶者のない女子又はこれに準ずる事情にある女子及びその者の監護すべき児童を入所させて，これらの者を保護するとともに，これらの者の自立の促進のためにその生活を支援し，あわせて退所した者について相談その他の援助を行うことを目的とする施設」として児童福祉法第38条に定められている。

1998年の改正児童福祉法施行により，名称が「母子寮」から変更され，「入所者の自立の促進のためにその生活を支援すること」も支援の目的となった。近年では，DVの被害者が入所者の半数以上を占める他，虐待を受けた子どもの割合も増えている。精神障がいや知的障がいのある母や，発達障がいなど障がいのある子どもも少なくない。

❖ 事例の概要

20XX年6月，A市中央児童相談所に虐待通告の電話があった。B小学校2年生のCちゃんが，毎日着まわしの汚れた洋服で登校しており，入浴等もしていない様子。鉛筆や消しゴムなどの学用品も，ほとんど持っていない。給食時，Cちゃんは大量におかわりをするが，身体は痩せこけている。最近は登校

しない日も増えてきていた。

保護者との連絡もとれず，またCちゃんに聞いても事情を話してくれない。不審に思った学級担任が校長と相談して，児童虐待防止法に則り通告してきたのであった。

❖ 事例の展開

虐待通告に対応するため，児童虐待対応チームのベテラン男性児童福祉司と3年目の女性児童福祉司がすぐに学校へ急行した。2名の児童福祉司は校長，学級担任，そしてCちゃん本人から事情を聞いた。

校長と学級担任によれば，1年生時のCちゃんは他の子どもたちと変わらない様子であったとのこと。父母も授業参観や父母懇談会に参加していた。しかし，ここ数ヵ月は電話でも，自宅を訪問しても，全く連絡が取れない状態であるという。

Cちゃんは，初めて会う児童福祉司を前に緊張し，最初はあまり話したがらなかった。そのため，面接場所を保健室に移し，養護教諭とともに女性児童福祉司がやさしく声かけすると，泣きじゃくりながら話し始めた。

Cちゃんによると，1年生時の後半から父親が帰宅しないようになった。その後，母親も夜に外出するようになり，最近ではほとんど毎日朝帰りなのだとのこと。食事は母親がパンを買ってきてくれることもあるが，家には何も食べるものがないことも多いとのこと。

Cちゃんの顔色は悪く，また身体を確認すると痩せてあばら骨が浮き出てきているような状態であった。

児童虐待対応チームからの報告を元に，所内では緊急の受理会議が開かれた。児童福祉法第33条にもとづきCちゃんを緊急一時保護することが決定された。

Cちゃんの身柄は学校からそのまま公立病院に一時保護委託され，医学的診断が行われることとなった。児童虐待対応チームの児童福祉司は，Cちゃん宅

第6章　事例と共に理解する社会的養護への措置　109

に一時保護決定通知書と来所依頼の文書を送付した。

① 児童福祉司による家族調査結果

　緊急一時保護の翌日午後，母親が暴力団風の男と共に児童相談所を訪れた。男の怒鳴り声に児童相談所内は緊迫したが，児童虐待対応チームのベテラン男性児童福祉司が対応にあたり，Cちゃんが栄養不足で衰弱しているため入院していること，面接してじっくり話をしたいので翌日に母親だけで来所して欲しい旨を伝えた。母親は渋々ながら承諾した。

　その翌日，母親とケース担当児童福祉司との面接が行われた。児童福祉司は病院でのCちゃんの様子と，点滴等の栄養補給を受けて数日安静にせねばならないという状況を伝えた。

　このような状況に至った経緯を児童福祉司が聞くと，母親は涙を浮かべながら次のことを話した。

　Cちゃんの父母の夫婦関係は，Cちゃん誕生後から不安定になり，母親は夫からDVを受けるようになっていた。昨年後半頃から父親の浮気により夫婦関係は崩壊し，父親は家を出て行った。父親は他県にて女性と同居しているようだが，連絡がとれない状態。預貯金もすべて持って行かれてしまった。

　駆落ち同然で地方から出てきたため，頼ることができる親族等は身近にはいない。

　生活費に困ったCちゃんの母親は，消費者金融からの借入金額を増やしていった。今春，結婚前に働いていたスナックの社長に頼り，水商売の世界に戻った。夫を恨む気持ちから酒びたりになり，毎晩深酒をして朝方に帰宅するようになった。

　離婚調停は進められておらず，また母親の状態からもしばらくはそのような段階ではない様子である。昨日一緒に来所したのは，スナックの客で母親へ金銭的なサポートをしている人だが，暴力団関係者である。

　母親は自分の親としての至らなさが，Cちゃんの栄養不良につながり，学校や児童相談所に迷惑をかけることになったことを詫びた。そして，可能な限り

早くCちゃんに面会し，また再び一緒に生活をしたい旨を要望した。
　②　一時保護所保育士による行動観察結果
　３日間の入院の後，Cちゃんは児童相談所内の一時保護所で生活することとなった。
　Cちゃんは小学校２年生相当の身辺自立はできていた。しかし，就寝時間を過ぎると極度に不安定になり，夜泣きや夜驚が激しい。また，夜尿は毎日であった。
　他の児童との関係では，年上には従順だが，年下には陰でイジメを行う側面も観察された。
　食事は好き嫌いが多いが，概して食欲は旺盛で，痩せていた身体も徐々に回復しつつある。
　学習面は，小学校２年生の学習内容についていけておらず，一時保護所において午前中の学習の時間に保育士とマンツーマンで小学校１年生の学習内容の振り返りを行っている。
　③　心理判定員による心理判定結果
　知能検査の結果は特に問題はない。プレイルームでの行動観察では，大人に対する恐怖感と，それとは裏腹な距離感の欠如した愛着行動の両面が観察された。
　④　援助方針の立案
　ケース会議にて各担当者から上記の報告を元に，本ケースの今後の方向性が話し合われた。
　母親のネグレクト傾向は，夫との関係不和や別居，生活環境の不安定化が主な原因と思われる。また，母親はCちゃんとの同居を望んでいる。したがって，なるべく母子分離はしない方向性で援助を行うことが確認された。
　母親にスナック勤めを辞めるよう説得し，母子生活支援施設を利用して，就労支援・借金の清算・離婚調停の支援を行うこととした。

⑤　援助の実行

　数回の面接を経てラポールが形成された頃を見計らい，児童福祉司は家賃負担の重い現在の賃貸マンションを引き払い，母子生活支援施設を利用しながら債務清算，離婚調停，水商売以外の職場探しを進めることを母親に提案した。

　母親は借金等で世話になっているスナックの店長と暴力団風の客のことを懸念して躊躇したが，母子生活支援施設の母子支援員と嘱託弁護士，嘱託司法書士が，債務清算や離婚調停に力を貸してくれることを話すと安心した表情になった。

　その後，母親は児童福祉司と福祉事務所へ赴き，母子生活支援施設の利用申請を行った。

　20XX年9月からは，Cちゃんは母子生活支援施設の地域にある小学校へ転校することとなった。

　母子生活支援施設入所後の1年は，環境の急激な変化と結婚以後のDVの影響もあり，母親はうつ気味に自室へ閉じこもることが多かった。母子生活支援施設の母子支援員，嘱託臨床心理士，嘱託医，そして先輩入所者などが，心理的な側面から母親を支えた。

　併行して，嘱託司法書士により債務清算が進められ，また嘱託弁護士により離婚調停が進められた。これらの結論が出る頃には，母親の明るい表情も増えていった。

　児童相談所児童福祉司は2ヵ月に一度，訪問面接を行い母子から生活の様子を聞き取った。また，母子支援員等から母子生活支援施設での生活状況を聞き，母子の見守りを続けた。

　入所して1年が経つ頃，母親はホームヘルパー2級資格を取得するために3ヵ月間，職業訓練学校へ通学した。高校以来の学びの体験とたくさんのクラスメイトを得たおかげで，母親には社会に踏み出す前向きな姿勢が見られるようになった。

　ヘルパー資格取得後，母親は母子生活支援施設の近くの特別養護老人ホーム

に就職した。

20XX年9月から転校することとなったCちゃんも，当初は2年生2学期からの勉強についていけないなどの問題があったが，母子生活支援施設の少年指導員や学習ボランティアの支援で徐々に新しい学校に溶け込んでいくことができた。また，母子生活支援施設での友達関係も，Cちゃんに子どもらしい笑顔を取り戻させるきっかけとなった。

⑥ 援助の終結

母親は特別養護老人ホームでの仕事で転居費用を貯金し，2年間の施設利用の後，母子生活支援施設の職員や利用者との関係を継続できるように，母子生活支援施設に近い公営団地に引っ越した。

児童相談所はこれを見届けてケース解除とし，母子生活支援施設による地域支援に委ねることとした。

⑦ 事例の考察

虐待ケースでは，児童相談所と親が対決関係になり，その後の援助関係に持ち込めないことも多い。

虐待死事件がマスコミを賑わせる昨今，子どもの命の安全を守るためには，親子分離も止むを得ない場合もある。しかし，親子分離がきっかけとなり，二度と家族の統合を図れなくなってしまうケースも多い。

児童相談所には「危機介入」の役割と「家族支援」の役割があるが，近年ではこのケースのように「児童虐待対応チーム」と「ケース担当者」に役割を分担しながら支援活動を行っている。

親子統合をどのように促進するかが，子どもと家族のための社会福祉援助専門活動の大きな課題である。

子どもに虐待がある場合，当該家族内にDV問題（多くは夫から妻への心身への暴力）が併存していることも多い。そのようななかで，母子分離をせずに家族支援が可能な母子生活支援施設の役割が，改めて見直され始めている。

5　里親家庭の子どもと里親への支援

❖ 里親家庭の子どもと里親のニーズ

　里親家庭には、児童養護施設他の児童福祉施設における集団支援よりも、個別的なケアが必要な子どもが措置されることになる。したがって、里親家庭の子の求めは個別的なケアであり、またその永続性（パーマネンシー）であるといえる。

　そのようなニーズが満たされていくと、里子たちは里親を信頼して、本来の生命力を発揮することになる。

　他方、里親の力は、実親に遺棄されたり養育放棄された里子の状況を受け入れ、それを支えていく過程の中で発揮されていく。しかし、里親がその力を発揮するためには、里親夫婦の相互理解はもちろんのこと、地域住民の理解や、里親会・児童相談所・里親支援専門相談員・児童委員等の支援が必要となる。

❖ 事例（模擬）の概要

　Aさん（45歳）とBさん（43歳）夫妻は、長年の不妊治療にもかかわらず実子に恵まれずにいた。

　夫のAさんは、会社の経営者で経済的には安定している。妻のBさんは元小児科の看護師で、看護大学時代のボランティアで関わっていた児童養護施設の子どもたちが忘れられず、Aさんに養育里親になることを積極的に進言した。

❖ 事例のアセスメント

① 　児童相談所児童福祉司による家庭訪問

　AさんBさん夫妻の里親登録申請を受けて、管轄地域の児童相談所の里親担当児童福祉司が家庭訪問に訪れた。

　AさんBさん夫妻の自宅は郊外の閑静な一軒家で、2年前に相次いで他界したAさんの両親と同居するための広いスペースが確保されており、育児環

境としては最適だった。

　児童福祉司が心配した点は，Aさんが会社の経営で多忙なため，現状では子どもの養育に関してはほとんどBさんが一人でケアせねばならないことが予想されることだった。

　Bさんは近隣の子育て世代の親たちよりも一回り上の世代であることもあり，もし里子が措置されることになったならば，子育て支援のネットワークを意図的に形成していく必要があると思われた。

② 児童福祉審議会の答申

　児童福祉司の家庭訪問結果を踏まえつつ，児童相談所は当該自治体の知事にAさんBさん夫妻を養育里親として登録する旨を進達した。

　知事からの諮問を受け，児童福祉審議会はAさんBさん夫妻の養育里親登録認定に関する審査を行った。元小児科の看護師で被虐待児に対応したこともあるBさんの豊かな経験が評価され，児童福祉審議会はAさんBさん夫妻の養育里親登録を認める答申を出した。

　知事からの認定を受けて，AさんBさん夫妻は養育里親として登録されることとなった。

❖ 事例の支援の過程

① 児童相談所児童福祉司

　児童相談所で里親登録を行ったAさんBさん夫妻は，里親研修を受けた後，児童相談所の里親担当児童福祉司と共に乳児院を訪れた。

　AさんBさん夫妻は，デパートの託児所に預けられたまま実親に遺棄されたCくん（1歳）と出会った。その後，1ヵ月の間，AさんBさん夫妻は乳児院に通い，Cくんとの関係づくりを行った。

　児童相談所の里親担当児童福祉司とCくん担当児童福祉司が，それぞれAさんBさん夫妻とCくんとのマッチングの様子を報告した。援助方針会議の結果，AさんBさん夫妻の養育里親家庭に，Cくんを措置することが決定さ

れた。

② 児童養護施設の里親支援専門相談員

児童相談所の里親担当児童福祉司は，AさんBさん夫妻の自宅に最も近い児童養護施設の里親支援専門相談員に，Cくんの子育てとAさんBさん夫妻の子育てを支援するネットワーク形成へ協力を依頼した。

Bさん自身，小児科の看護師経験のある専業主婦であるとはいえ自宅における子育ては初めてであり，レスパイトケアを含めた子育て支援の必要性には自覚的だった。

Bさんは里親会が主催する研修会に積極的に参加し，またAさんも多忙な業務の合間を縫って里親サロンに参加するように心がけた。

Bさんは，いつしか里親会の運営にも携わるようになり，他の里親の育児相談などにも応じるようになっていった。

❖ 事例の結果の確認と関わりの振り返り

① セルフヘルプ・グループとしての里親会活動の重要性

AさんBさんが所属する里親会は，数十名の里子を育てたベテランの里親さんから，里子の措置を待っている養育里親までの幅広い会員層で形成されている。里親のためのさまざまな研修会を行っている他，里親同士で助けあうセルフヘルプ・グループ的な活動も活発である。

特別養子縁組を行うための試験養育期間である6ヵ月を過ぎ，どのタイミングで特別養子縁組の申し立てを行うか，特別養子縁組の申し立てを行うにはどのような手続きが必要かについて，AさんBさん夫妻は他の里親たちと交流を深めつつ，学んでいった。

② 特別養子縁組の申し立て

CくんがAさんBさん夫妻の養育里親家庭に措置されて半年以上が経過した。児童相談所里親担当児童福祉司とも協議の上，AさんBさん夫妻は家庭裁判所に特別養子縁組の申し立てを行った。

Cくんをデパートの託児所にあずけた親は，その後名乗り出ることはなかった。託児所に申請した氏名・住所等は架空のもので，その後の足取りもつかむことができない。
　そのような背景もあり，特別養子縁組の手続きはスムーズに行われた。
　この手続きにより，Cくんと実親との親子関係はなくなり，AさんBさん夫妻が唯一の親となった。

❖ 事例のこれからの課題と支援方法の課題

① 真実告知

　CくんはAさんBさん夫妻の元ですくすくと育ち，何の問題もないように見えた。
　しかし，小学3年生になったある日，CくんはBさんに「どうして僕が赤ちゃんの頃の写真はないの？」と質問した。学校のクラスメイトのアルバムを見て，Cくんは自分が乳児であった頃の写真がないことに気がついた様子だった。
　AさんBさん夫妻は，自分たちがCくんの生みの親ではないことを告げる「真実告知」のタイミングを見計らっていたが，これを良い機会と捉えてCくんに話をした。
　Cくんには，「特別養子縁組をして，現在はAさんBさんが親であること」「Cくんのことをとても大切に思っており，一緒にいられることがうれしいこと」などを伝えた。
　真実告知を受けたCくんは，とくにショックを受けた感じはなく，AさんBさん夫妻が好きであることもあり，自分なりに赤ちゃんの頃の写真がないことの理由を納得しようとしているように見えた。
　AさんBさん夫妻は，里親会の先輩から「真実告知は1回だけでなく，Cくんの成長や認識の深まりに沿って，行うように」とアドバイスを受けていた。Cくんが思春期に差し掛かる頃には，また受け止め方も変わってくるであろう。
　そういった事態にも心の準備を行いつつ，AさんBさん夫妻とCくんは，

新しい「家族」としての関係を少しずつ深めているところである。

〈参考文献〉

法務総合研究所（2001）「児童虐待に関する研究（第1報告）」

法務省（2005）『犯罪白書（平成17年版）』

家庭養護促進協会編（2001）『信じあって親子・語りあって親子――子ども・里親・ケースワーカーの記録――』エピック。

家庭養護促進協会編（2004）『里親が知っておきたい36の知識』エピック。

川﨑二三彦（2000）『子どものためのソーシャルワーク②　非行』明石書店。

小林英義・小木曽宏編（2004）『児童自立支援施設の可能性――教護院からのバトンタッチ――』ミネルヴァ書房。

小林英義・小木曽宏編（2009）『児童自立支援施設　これまでとこれから』生活書院。

国立武蔵野学院（2000）「児童自立支援施設入所児童の被虐待経験に関する研究（第1次報告書）」

松原康雄編（1999）『母子生活支援施設――ファミリーサポートの拠点――』エイデル研究所。

総務省青少年対策本部（2000）「青少年の暴力観と非行に関する研究調査」

第7章　被措置児童の「教育福祉」と「措置変更」の問題

●ねらい●

　厚生労働省は児童虐待の早期発見・早期対応に向けた「入口」の整備と併行して，一時保護委託や措置が可能な養育里親，地域小規模児童養護施設の増加策等の「出口」の整備を行っている。

　しかしながら，虐待ケースの最初の受け皿である一時保護所および子どもたちのその後の中心的な措置施設である児童養護施設や児童自立支援施設に対する施策が十分に整備されたとは言い切れない状態のなかで児童相談所の虐待介入機能ばかりが喧伝されるという現状がある。そして，そのような状況でも目の前にいる児童に対応しなくてはならない児童相談所職員をはじめとした社会的養護の関係者たちの間からは，現状の改善を望む声が上がり続けている。

　ところで「虐待」が疑われる親から，子どもを引き離して養育させる必要が認められた場合，子どもは主に児童相談所一時保護所を経由して，児童養護施設，児童自立支援施設，情緒障害児短期治療施設，養育里親，里親ファミリーホーム，被虐待児に関する専門里親といった社会的養護に関するエージェントに措置され，生活をすることとなる。

　公的権力に介入され，保護および措置される対象となった子どもは，この介入によって，どのような生活環境および教育環境の変化のなかに置かれることとなるのであろうか。

　本章では，ある仮想事例のケース進行に従いながら，「介入」された子どもたちの生活現場における教育福祉問題を紹介していく。特に今回は，児童相談所一時保護所，児童養護施設，児童自立支援施設という社会的養護における3つの中心的エージェントに焦点を絞って紹介していくこととしたい。

1 児童相談所一時保護所
――家族から分離された子どもの最初の居場所における学習権保障――

本章では,「Aちゃん」という仮名の子どものケースを元にして話を進めていくこととしたい。

> 小学校6年生のAちゃんが,いつも新しいアザを作りながら登校しているのを担任の教諭は不審に思った。
> テレビのニュース等により,学校教職員等には被虐待児童などの要保護児童を発見した場合の「通告義務」があることを知っていた教諭は,校長等とも相談の上,児童相談所に通告を行った。
> 児童相談所において,本ケースの担当とされた児童福祉司が関係各所から聞き取りを進めていた最中,Aちゃんが骨折を隠しながら登校してきたことが判明した。
> 小学校の保健室にて,養護教諭,児童福祉司が,Aちゃんに骨折の理由を尋ねても,Aちゃんは答えなかった。しかし,児童福祉司が近所から聞き取りを行うと,毎晩Aちゃんを叱責し,せっかんする親の声が聞こえていたことが判明した。
> これらの調査結果を元に,児童相談所はAちゃんの身柄を児童相談所付設の一時保護所に移すことを決定した。

さて,一時保護所に入ってから,2ヵ月間。児童福祉司が親と懸命のやりとりをしている間,Aちゃんは一時保護所でどのような生活を送ることとなっていたのであろうか?

児童福祉法では,第12条の4に「児童相談所には,必要に応じ,児童を一時保護する施設を設けなければならない」という条文がある。

一時保護所は全ての児童相談所に付設されているわけではない。2014年4月のデータでは,全国207ヵ所の児童相談所のうち,134ヵ所に付設されている。

児童の一時保護に関する規定は,児童福祉法第33条に次のように規定され

第7章 被措置児童の「教育福祉」と「措置変更」の問題

ている。

「児童相談所長は、必要があると認めるときは、第二十六条第一項の措置をとるに至るまで、児童に一時保護を加え、又は適当な者に委託して、一時保護を加えさせることができる。

②都道府県知事は、必要があると認めるときは、第二十七条第一項又は第二項の措置をとるに至るまで、児童相談所長をして、児童に一時保護を加えさせ、又は適当な者に、一時保護を加えることを委託させることができる。

③前二項の規定による一時保護の期間は、当該一時保護を開始した日から二月を超えてはならない。

④前項の規定にかかわらず、児童相談所長又は都道府県知事は、必要があると認めるときは、引き続き第一項又は第二項の規定による一時保護を行うことができる。」

ここでは、児童の一時保護は、都道府県知事および児童相談所長の権限によってなされる経過措置であることを確認しておきたい。

一時保護は緊急保護・行動観察・短期入所指導等が必要な場合に行われ、児童に安定的環境を与えるため生活指導・健康管理・心理的ケア等の支援がなされる。児童の行動自由が制限されるため保護期間は必要最低限が望ましく、原則的には2ヵ月を超えてはならないとされているが、ケースの質的・量的変化による長期化傾向が以前より指摘されてきている（鈴木　2001）。

支援対象年齢は2～18歳、また相談種別は養護・非行・育成等と幅広い。

一時保護所における保護内容に関しては、厚生労働省編「児童相談所運営指針」に詳説されており、保護児童の学習に関しては次のように記されている。

学習の時間に関しては、「午前中は学齢児に対しては学習指導、未就学児童に対しては保育を行い、午後は自由遊び、スポーツ等レクリエーションのプログラムを組むことが適当である」と、午前中に学習指導を行うこととされている。

また学習指導の内容に関しては、「一時保護している子どもの中には、学習をするだけの精神状況にない、あるいは学業を十分に受けていないために基礎

的な学力が身についていない子どもなどがいる。このため，子どもの状況や特性，学力に配慮した指導を行うことが必要であり，在籍校と緊密な連携を図り，どのような学習を展開することが有効か協議するとともに，取り組むべき学習内容や教材などを送付してもらうなど，創意工夫した学習を展開する必要がある」とされている。(厚生労働省編　2013：121-122)

　Aちゃんは，当該の一時保護所の日課に従い，児童福祉司や児童心理司，一時保護所担当職員等による面接等のない日の午前中に，一時保護所の児童指導員による学習指導を受けることとなった。
　ここでは次の点を指摘しておきたい。それは吉田恒雄が論じているように，「一時保護中の学齢児について，児童相談所および都道府県知事は，就学義務を負っていない」(吉田　1997：287) という点である。
　児童福祉法第48条には「児童養護施設，知的障害児施設，盲ろうあ児施設，肢体不自由児施設，情緒障害児短期治療施設及び児童自立支援施設の長は，学校教育法に規定する保護者に準じて，その施設に入所中の児童を就学させなければならない」という規定がある。だが，児童相談所一時保護所に関する規定は存在せず，前掲の「児童相談所運営指針」中に保護児童の学習に関連する項目が散見されるにすぎない。
　先に，児童の一時保護は都道府県知事および児童相談所長の権限によってなされる措置であることを確認したが，都道府県知事および児童相談所長に一時保護期間中の児童を就学させる義務はない。つまり，一時保護期間中の児童の学習権保障に関する法律上の規定は存在していないのである。
　日本弁護士連合会 (1996：62)，子どもの権利条約市民・NGO報告書をつくる会 (1997：224) 等をはじめとして，子どもの権利保障を訴える諸団体等が一時保護所において子どもの学習権が充分に保障されていない実態を指摘し，改善を求めてきた。しかし，依然として法律上の規程が定められるには至っていない[1]。

だが，そのようななかでも一時保護所内での対応や，都道府県・政令指定都市の児童福祉サイドと教育サイドとの連携によって，一時保護児童の学習権を保障するための取り組みを行っている児童相談所も存在する。

例えば，1992（平成4）年からスタートした仙台市児童相談所一時保護所や千葉市児童相談所一時保護所では，教育委員会との協力により学校教員が児童指導員として配置され，子どもの学習支援を担当している。

また，広島市児童相談所や福岡市児童相談所では，児童福祉サイドと教育サイドとの連携を高めるために，児童相談所への教員の出向を進めている。さらに，和歌山県教育委員会では長期社会体験研修制度を利用して，和歌山県子ども・障害者相談センターに教員を派遣したというケースもある（鈴木 1999：13-30）。

その他，教員免許取得者が一時保護所児童指導員として学習指導を担当している児童相談所や，退職した教員を嘱託の学習指導員としている一時保護所は多い。

しかしながら，小学生から高校生までが入所する可能性のある一時保護所における学習権保障は，その問題意識の浸透も含めて，まだまだ改善の必要が大きい課題であるといえる。

Aちゃんが一時保護所に在所している間，原籍校の学校教諭はどのような対応をしていただろうか。

親から引き離されて，通い慣れた学校へも通うことができず，不慣れな環境の中で暮らしているAちゃんにとって，特に学校担任教諭はその後の学習の進度状況を伝達したり，友人の様子を教えてくれたりという重要な役割を持つ。

だが，Aちゃんの事例のように困難な家族問題があり，児童相談所等が介入するケースとなると，学校サイドは「どのように関わったらよいのか」と戸惑ったり，あるいは「福祉的援助が開始された以上，学校は関与してはいけないのではないか」などとケースからのデタッチメントに向かう場合もある。

このような学校サイドの当惑の背後には、カリキュラムの過密化、そして少子化による教員数の削減による負担の増加、教員養成システムの中で子どもと家族の問題に対する対応法についての教育が充分になされていないなどといった状況が存在している。

その他、ハード的な問題も存在する。一時保護所を付設する児童相談所は都道府県および政令指定都市に1～2ヵ所であることがほとんどである。つまり、学校と児童相談所の位置関係によっては、そうそう学校教諭が来所できるとは限らないのである。

こういった条件を乗り越えて、児童福祉サイドと教育サイドとの相互理解を深め、連携を図るには、まだまだ努力が必要である。

そのための一環として、先に論じたような教員派遣の実践も出てきてはいるが、一朝一夕で、この溝を埋めることは困難であろう。

2 児童養護施設
――地域の学校に通学可能な児童福祉施設における学習権保障の問題――

> Aちゃんが児童相談所一時保護所において生活している間、児童福祉司は親との面接を数回行った。しかし、親は親権を盾にAちゃんの引き取り要求をするものの、児童福祉司の助言指導に従う可能性は薄かった。また、Aちゃん自身は一時保護所という不自由ではあるが安全な環境の中で、安心して生活を送っており、帰宅や親との面会については拒否的であった。
>
> 児童相談所では、Aちゃんを児童福祉法第27条第1項第3号に基づき児童養護施設へ措置することとする援助方針会議の結果を児童福祉審議会に諮問した。児童福祉審議会は児童相談所の援助方針を認める答申を行った。
>
> Aちゃんの親も児童福祉審議会による答申の裏打ちがある措置には反論の構えを見せず、Aちゃんは措置先である児童養護施設の近くにある小学校に転校することとなった。Aちゃんは6年生の2学期から転校し、2ヵ月ぶりに小学校に通うことができるようになった。

> ちなみに親に対しては，当面はAちゃんとの面会は認めない方向性で，児童福祉司による通所指導を行う。Aちゃんとの面会については，その後の児童福祉司指導の進展次第で考えるという方向性となった。

　家族から離れ，児童養護施設で暮らすこととなったAちゃんは，どのような生活を送ることとなっただろうか。
　児童養護施設の施設目的は児童福祉法第41条において，「乳児を除いて，保護者のない児童，虐待されている児童その他環境上養護を要する児童を入所させて，これを養護し，あわせてその自立を支援することを目的とする」と定められている。
　先の児童相談所が134ヵ所全て公立であったのに対し，児童養護施設は民間の社会福祉法人によって運営されているものが多い。そのため施設の形態も，1部屋あたりの児童数1～2名と一般の家庭に極めて近い小舎制のものから，戦災孤児の屋根対策だった痕跡を現在でも色濃く残す大舎制施設までさまざまである。
　2014（平成26）年4月現在，全国に595ヵ所の児童養護施設があり，28,831人の児童が在所している。
　前節にて確認したように児童養護施設長には保護者に準じた就学義務があるため，児童養護施設では──一時保護所とは異なり──地域の小・中学校への登校が可能となる。また，本人が希望すれば高等学校や大学・専門学校等への進学も可能となっている。特に，1989（平成元）年に旧厚生省から「養護施設入所児童等の高等学校への進学実施要領」が発表されて以降は，義務教育以降の教育機会に関しても制度的な保障は進みつつある。
　ところが，児童養護施設における義務教育後の教育支援がまだまだ不十分であることは，文部科学省の学校基本調査における全国数値と比較すれば明らかである（表7-1）。
　たとえば2013（平成25）年に行われた調査によれば，学校基本調査の高校進

学者数が 98.4% である一方，児童養護施設からの高校進学者は 94.8% となっており，全中卒者数中 0.3% しかいない就職者が 53 人（2.1%）もいるような状況である。

また，高校進学者中の大学進学率を比較すると，学校基本調査の全国値が 53.2% である一方，児童養護施設在籍者は在所児，退所児を合わせると 12.3% と大幅な開差が存在している。

さらに就職者数を見ていくと，学校基本調査の全国値が 16.9% である一方，児童養護施設在籍者は在所児，退所児を合わせると 69.8% である。

第7章 被措置児童の「教育福祉」と「措置変更」の問題　127

表7-1　進学，就職の現状

> 高校進学率は高くなったが，高校卒業後の進路は，一般に比べ進学率は低く，就職が多くなっている。

① 中学校卒業後の進路（平成24年度末に中学校を卒業した児童のうち，平成25年5月1日現在の進路）

	進学				就職		その他	
	高校等		専修学校等					
児童養護施設児 2,496人	2,366人	94.8%	46人	1.8%	53人	2.1%	31人	1.2%
(参考)全中卒者 1,185千人	1,166千人	98.4%	5千人	0.4%	4千人	0.3%	11千人	0.9%

② 高等学校等卒業後の進路（平成24年度末に高等学校等を卒業した児童のうち，平成25年5月1日現在の進路）

	進学				就職		その他	
	大学等		専修大学等					
児童養護施設児 1,626人	200人	12.3%	167人	10.3%	1,135人	69.8%	124人	7.6%
うち在籍児 263人	52人	19.8%	36人	13.7%	132人	50.2%	43人	16.3%
うち退所児 1,363人	148人	10.9%	131人	9.6%	1,003人	73.6%	81人	5.9%
(参考)全高卒者 1,088千人	579千人	53.2%	258千人	23.7%	184千人	16.9%	68千人	6.3%

③ 措置延長の状況（予定を含む）

4月1日から6か月未満	20歳に到達するまで	その他
113人	80人	70人

児童養護施設児は家庭福祉課調べ（「社会的養護の現況に関する調査」）。全中卒者・全高卒者は学校基本調査（平成25年5月1日現在）。
※「高校等」は，高等学校，中等教育学校後期課程，特別支援学校高等部，高等専門学校
※「大学等」は，大学，短期大学，高等専門学校高等課程
※「専修学校等」は，学校教育法に基づく専修学校及び各種学校，並びに職業能力開発促進法に基づく公共職業訓練施設
出所）厚生労働省「社会的養護の現状について」(2014年3月)

これらの数値の解釈に関してはさまざまな議論があるが，ここでは次のような背景事情を指摘しておきたい。
　まず，児童養護施設の子どもたちは，家族関係が不安定な状態の中で親から離れて暮らすことを余儀なくされていることがほとんどだということである。さらには，原籍校からの転校という条件もあるため，落ち着いて学校での学習に参加するにはそれ相応の時間と関係者の理解，そして丁寧なサポートが必要となる。
　2009（平成21）年度より，児童養護施設に在籍する中学生には「学習塾費」の実費が支給されるようになったが，高校生に対する支給はまだ行われていない。従って，児童指導員や保育士が，多忙な業務の合間を縫って子どもたちの学習支援に当たっていたり，あるいは大学生等の学習ボランティアに頼らざるをえないというのが現状である。
　心理療法担当職員の配置など，子どもの心理面に関するケア体制は充実しつつある。むしろ，学習面のサポートや義務教育を終えた子どもに対する自立支援・自活訓練などといった基本的な側面にこそ，立ち遅れが目立つことは否めない。
　何らかの理由で家族と暮らすことができず，社会的養護を必要とすることになった子どもたちは，落ち着いた状況で学習をすることが困難な環境に中・長期的に置かれていたことも多く，そういった背景を踏まえた丁寧な学習支援，そして何よりもそういった子どもたちにこそ充実した学習機会を提供する必要があることを，ここに強調しておきたい。

3 児童自立支援施設
── 子どもの自立を支えるための学習権保障とは？──

　小学6年生の2学期から児童養護施設に移り，転校もしたAちゃんであったが，生活環境の変化の中で新しい学校に馴染むことが難しく，不登校となってしまった。
　関係者は「中学校への進学が転機になれば」と期待を抱きながら見守ったが，Aちゃんが中学に入学した後も，事態は好転しなかった。
　児童養護施設では日中は幼児たちの保育実践のための職員配置で手一杯であり，なかなか不登校児の対応にまでに人員を割くことができない。また，通学距離や費用面の問題もあり，不登校児のためのフリースクール等に通わせることもできなかった。
　Aちゃん自身のどこにも居場所のないという切迫感，そしてそんなAちゃんとうまく関係をもてない施設における担当職員のイラ立ちは募っていく。
　児童福祉司や学校の担任・生徒指導担当職員等も交えて，何度か関係修復が試みられたが，この不安定な時期は中学1年生の1ヵ年間に渡って続くこととなった。
　そしてついに，Aちゃんは言語化不能な不安感を「夜間の無断外出」や「万引き」という方法で表出してしまった。
　義務教育段階で小中学校へ通学することができず，「非行」傾向のある子どもを児童養護施設に措置し続けるのは，難しい。児童福祉司は施設側およびAちゃん自身の訴えにもとづき，措置先の変更を余儀なくされることとなった。
　児童自立支援施設について「児童養護施設より厳しい」と噂に聞いていたAちゃんは，児童自立支援施設への措置を当初は拒んだ。しかし，当該の児童相談所からでは他に行くことのできる施設もなく，またAちゃん自身が実家に戻ることを望まなかったため，最終的にはその措置に同意することとなった。
　Aちゃんは中学2年次から生活の場所を児童自立支援施設に移すこととなった。

Aちゃんが措置された児童自立支援施設は，2014年現在，全国に58ヵ所設置されており，1,544名の児童が入所している。
　1900（明治33）年に公布された感化法の頃から，感化院，少年教護院，教護院と名称を変更しながら主に「非行」児童の支援にあたってきたこの施設は，1998（平成10）年4月1日の改正児童福祉法施行により児童自立支援施設へと名称が変更され，施設目的・対象児童・指導方法等も変更となった。
　教護院時代には「不良行為をなし，又はなす虞のある児童を入院させてこれを教護する」と児童福祉法第44条に記載されていた施設目的も，1998年の児童福祉法改正によって「不良行為をなし，又はなすおそれのある児童及び家庭環境その他の環境上の理由により生活指導等を要する児童を入所させ，又は保護者の下から通わせて，個々の児童の状態に応じて必要な指導を行い，その自立を支援することを目的とする」と大幅に書き改められた。
　対象児童が拡大されると共に，入所だけでなく通所による指導も可能となり，さらには「教護」から「自立支援」へと施設の目的も変化したのである。
　このような法律上の変化，そして社会からの要請の変化の中で，児童自立支援施設はこれまでの「非行」児童に対する支援の方針を見直さざるをえない地点に立たされている。
　以下，その見直しのポイントとなっている部分を，「小舎夫婦制」「学校教育導入」「中卒児支援」の3点から見ていくことにしたい。

　まず，児童自立支援施設を特徴づける独自の支援形態として，長年受け継がれてきたのが「小舎夫婦制」という擬似家庭における児童支援である。この支援形態の源流は，感化院，少年教護院，教護院，そして児童自立支援施設と名称を変更してきたこの施設のモデルとなってきた留岡幸助の家庭学校にまで遡ることができる。
　留岡幸助はイン・ロコ・パレンティス（in loco parentis ＝ 親代わり）の理念に基づくアメリカの感化施設や「人類教育の新基礎は美はしき家庭なり」といった

ペスタロッチの思想等を参考にして，東京巣鴨に私立感化院・家庭学校を創設した。1899（明治32）年のことであった。

　留岡は「家庭に恵まれずに非行化した児童に代替の家庭を提供することが感化教育施設の重要な役割」（田澤　1999：125）と考えた。そして，夫婦の職員と10～15人の子どもが40坪ほどの家族舎で寝食を共にするという形態を児童支援の根本に据えたのであった。

　小舎夫婦制の寮においては，男性職員が「教導する父」の役割を担い，女性職員が「子どもを受容する母」の役割を担う。このような典型的な核家族モデルに基づく児童支援が，たしかに一定の効果をあげた時代はあった。

　しかしながら，子どもの問題が多様化・深刻化するなかで，単に代替の家族を提供するという方法によっては，子どもの自立支援を担うことができなくなってきている。

　さらには，近年はこのような小舎夫婦制の形態で働くことのできる夫婦がなかなか集まらないため，徐々に交代制に移行する施設が増えつつある。

　次に，学校教育の導入について見てみよう。

　旧児童福祉法第48条第2項において「教護院の長は，在院中学校教育法の規定による小学校又は中学校に準ずる教科を修めた児童に対し，修了の事実を証明する証明書を発行することができる」という形で，教護院においては「準ずる」教育が行われていた。しかし，1998年4月1日から施行された改正児童福祉法第48条においては，「その長は学校教育法に規定する保護者に準じて，その施設に入所中の児童を就学させなければならない」こととなった。

　この条文は，院内処遇が基本形であった児童自立支援施設の中に，分校ないしは分教室の形態で小中学校の教員を入れて，学校教育を行うということを意味している。

　ところがこの改正から16年が経過した2014（平成26）年4月の調査によれば，中学卒業以後の子どもの支援を行っている大阪府立子どもライフサポー

センターを除く57ヵ所の児童自立支援施設の学校教育実施率は87.7％（50ヵ所）に留まっている（図7-1，表7-2）。

児童自立支援施設が学校教育導入に積極的でない理由の一つとして，「学校教育から弾かれてきた子どもに再び学校教育を押し付けることにつながる」という懸念がある。

すでに確認してきたように，教護院時代の院内教育は「準ずる教育」という位置づけであった。「準ずる教育」では，学校において「落ちこぼれ」扱いされてきた子どもたちに対して無理に学校教育のカリキュラムを押し付けず，農業や家畜の世話等，子どもたちの関心や能力，そして施設ごとの環境に沿った実科教育を多く取り入れていた。さらにはマラソンや野球等によって体力作りを行い，高度経済成長時まではまだまだ豊富であった中卒でも就労可能な職業に就かせるための実践的な教育が行われていたのであった。

ところが，近年の経済成長の低迷，そしてそれに連動した中卒での就労の困難化によって，これまでの教護院的な教育実践では現実社会の変化に対応することが難しくなってきたのである。

児童福祉施設の設置及び運営に関する基準の第84条では，「児童自立支援施

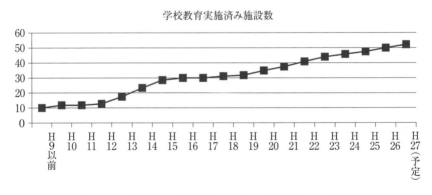

図7-1　児童自立支援施設における学校教育の実施状況

出所）厚生労働省（2014）『児童自立支援施設運営ハンドブック』：217.

表7-2 児童自立支援施設における学校教育の実施年度

実施年度	施設名（都道府県・政令指定都市）	計
児童福祉法改正前	福岡学園（福岡）・さわらび学園（宮城）・児童生活指導センター（石川）・淡海学園（滋賀）・明石学園（兵庫）・生実学校（千葉）・茨城学園（茨城）・若葉学園（神戸市）・わかたけ学園（島根）・喜多原学園（鳥取）	10
1999（平成11）年	子ども自立センターみらい（青森）・希望ヶ丘学園（高知）	2
2000（平成12）年	那須学園（栃木）・波田学院（長野）・三方原学園（静岡）・国児学園（三重）・仙渓学園（和歌山）	5
2001（平成13）年	きぬ川学院（国）・萩山実務学校（東京）・育成学校（山口）・斯道学園（香川）・えひめ学園（愛媛）・若夏学院（沖縄）	6
2002（平成14）年	埼玉学園（埼玉）・誠明学園（東京）・わかあゆ学園（岐阜）・徳島学院（徳島）・開成学園（長崎）	5
2003（平成15）年	おおいそ学園（神奈川）	1
2004（平成16）年	新潟学園（新潟）	1
2005（平成17）年	ぐんま学園（群馬）	1
2006（平成18）年	武蔵野学院（国）	1
2007（平成19）年	千秋学園（秋田）・虹の松原学園（佐賀）	2
2008（平成20）年	甲陽学園（山梨）・若駒学園（鹿児島）	2
2009（平成21）年	北海道家庭学校（社会福祉法人）・向陽学院（北海道）・大沼学院（北海道）・成徳学校（岡山）	4
2010（平成22）年	杜陵学園（岩手）・玉野川学園（名古屋市）	2
2011（平成23）年	向陽学園（横浜市）・阿武山学園（大阪市）	2
2012（平成24）年	清水が丘学園（熊本）・二豊学園（大分）	2
2013（平成25）年	修徳学院（大阪）・朝日学園（山形）	2
2014（平成26）年	みやざき学園（宮崎）・富山学園（富山）	2
2015（平成27）年	（予定）淇陽学校（京都）・広島学園（広島）	2
検討中	福島学園（福島）・横浜家庭学園（社会福祉法人）・和敬学園（福井）・愛知学園（愛知）・精華学院（奈良）	5

出所）厚生労働省（2014）『児童自立支援施設運営ハンドブック』：218.

設における生活指導及び職業指導」の目的は,「すべて児童がその適性及び能力に応じて,自立した社会人として健全な社会生活を営んでいくことができるよう支援すること」と定められている。

　したがって,児童自立支援施設における教育は単なる学校教育の導入に留まっていてはならず,児童福祉の専門家である施設側のスタッフと教育の専門家である分校・分教室のスタッフとが連携して,現実社会に対応しかつ児童自立支援施設の子どもたちにもフィットする教育内容を検討することが課題となるのである。

　最後に,中卒児の支援について見ておこう。
　教護院時代には,義務教育修了である中学卒業をもって「教護達成」と見なすことがほとんどであった。そのため,退所した子どもたちのアフターケアについては職員のボランタリーな努力に頼る部分が多く,また中卒児の自立支援に対応する寮舎の設定はほとんどなされていなかった。
　1998年4月1日の改正児童福祉法施行に先立って出された1998年2月24日付け厚生省児童家庭局長通知（児発95号）「児童養護施設等における児童福祉法等の一部を改正する法律の施行に係る留意点について」で,児童自立支援施設の入所対象として「義務教育を終了した後,就職したが,家庭環境等に起因する学力不足や対人関係の形成等の問題があり,仕事も長続きせず,改めて学習指導を含めた生活指導等を必要としている児童」といった例が想定されると明記され,義務教育修了後の子どもの自立支援も児童自立支援施設の重要な課題となった。
　ところが,中卒児用の自立支援寮を設定し,さらには施設内における支援プログラムまでを整えている児童自立支援施設はまだ少ない。東京都立の2ヵ所の児童自立支援施設における自立支援寮と施設内における支援プログラムの運用,国立武蔵野学院における高等学校通信制課程の導入,大阪府立子どもライフサポートセンターにおけるひきこもり・不登校等の状態にある義務教育修了

児童に対する支援が代表的なとしてあげられるが，その他は各施設の状況に沿う形で中卒児支援のあり方を模索している段階であるといえる。

4　措置変更される子どもたち
——充溢するケアシステムの光と影——

　本章では児童相談所一時保護所，児童養護施設，児童自立支援施設という3つの入所型施設をAちゃんが渡り歩く姿を追いかけながら，子どもたちの生活面を支える児童福祉サイドと学習面をサポートする教育サイドとの臨界において生じている問題を概観してきた。

　このAちゃんのケースのように，一人ひとりの子どもたちのまさに「人生を賭けた」ケースの進行を支えながら，そしてそのサポートがうまくいかない現状に砂を噛むような思いを繰り返しながら，教育あるいは児童福祉に関わる「大人」たちは度々反省を迫られ，そしてさらに充実したケアシステムを構築するために躍起になる。

　例えば，本章で言及した，教育と児童福祉の臨界にある諸問題——一時保護所における学習権，児童養護施設における学校教育への適応保障と義務教育後の就学支援と自立支援，そして児童自立支援施設における支援形態の見直し，学校教育の導入，義務教育後の自立支援等——はより充実した体制へと整備されていく必要があるだろう。

　しかし一方で，虐待親等からやっと逃れて一息ついている子どもたち，あるいは次の居場所に移るための内的な準備をしている子どもたちに，お仕着せの教育実践を行ったり，形骸化された就学・就労支援を行うのはむしろ逆効果なのだということに注意をせねばならない。

　かつて，ハンナ・アレントは，「子どもの生命の成長と発展」を「公的領域から遮断された私的領域で行われるべきもの」としてとらえた。その一方で，「近代教育」を「子どもの生命の成長と発展に不可欠の条件を破壊していることになる」と論じた。それは，「生命の発展と成長という子どもの福祉が保証

されるべき安全な隠れ場所としての私的領域が,『公的世界の光にさら』されるからである」(小玉　1999：194-195)。

　私たちは,ここでアレントが論じている「私的領域」を,つねに「家族」「家庭」「世帯」といった「家族言説」(Gubrium& Holstein 1990=1997) と結び付け,実体化してとらえがちである。

　ところが,全ての「家族」や「家庭」や「世帯」が,必ずしもアレントのいうような「子どもの福祉が保証されるべき安全な隠れ場所」だということはできない。ここにこそ社会的養護,そしてそれを担うエージェントの一種としての児童福祉施設の存在理由がある。

　児童福祉施設は,アレントが論じる意味合いにおいて「公的領域から遮断された私的領域」として,「子どもの生命の成長と発展」のための条件であり続ける必要がある。

　しかしながら児童福祉の充実は,ともすればこの「子どもの福祉が保証されるべき安全な隠れ場所」を,アレントが警告したような「公的世界の光」に――教育に加えて「二重の意味」において――さらすことに容易に転じてしまう危険性を胚胎している。

　本章で追ってきたAちゃんの姿を別の角度から見ると,児童福祉法システム上の〈主体〉としてケースアップされ,「介入」され,それまでの「日常」から切り離されていく姿としても見ることができるのは,このためである。

　いったん,児童福祉法システム上の〈主体〉となったAちゃんは,かつてM.フーコーが看破した「大いなる監禁連続体」(Foucault 1975 = 1977：297) のもとに置かれることとなる。

　「規律・訓練(ディシプリーヌ)の施設のうちで最も取るにたりぬ施設においても『きみの行きつく果ては徒刑囚監獄だぞ』といわれるかもしれない」(Foucault 1975=1977：299) というフーコーの議論は,決して大げさではない。子どもが児童福祉施設で不適応を起こした時,担当の施設職員や児童福祉司は,「善意」であればあるほどに,「次に問題を起こせば,もう一度児童相談所一時

保護所に戻すから」「児童養護施設での生活に馴染めないのであれば，次は児童自立支援施設に行くしかない」と言うであろう。

そこでは子どもたちもオトナたちも確実に，その先にある少年院等へとつながる道を意識している。あるいは，この「大いなる監禁連続体」は，情緒障害児短期治療施設や児童精神科病院への入院など，子どもを精神医療の〈主体〉としていく方向性へもつながっていく。

他方，小学校・中学校の義務教育段階から，それ以降の高等教育へと向かうキャナライゼーションは厳然として続いており，高等教育以前における学習の「遅れ」は進路選択時における選択肢の多寡に大きな影響を与えることとなる。

このように，児童福祉と教育という2つの領域において〈フーコー的主体〉となった子どもたちは，二段構え・三段構えの「監禁連続体」の中でサバイブすることを余儀なくされるのである。

親による児童虐待の被害者であったはずのAちゃんが，なぜ児童自立支援施設に入ることになるのだろうか……。もし，Aちゃんが児童自立支援施設においても児童養護施設において行っていたのと同様に，無断外出の繰り返しという形で自分の置かれた状況への不満を訴え続けてしまえば，そして無断外出中に万引きでもしてしまえば，少年鑑別所から少年院までは，さほど遠くはない。

児童相談所一時保護所，児童養護施設，児童自立支援施設へと変更されてきた「措置」を，Aちゃん本人の目線からとらえるならば，それは「福祉」という言葉の語源たる「幸せ」へ至る過程というよりも，芹沢俊介が論じている「子ども存在への暴力」＝「イノセンスが上書きされていくプロセス」としてとらえられるであろう（芹沢　1989→1997：21-22）。

そもそもなぜ，虐待をする親の問題であるにもかかわらず，親自身が「一時保護＝隔離」されることはなく，慣れ親しんだ地域・家庭・学校から子どものほうが切り離されねばならないのか。そしてなぜ，切り離された子どもは措置先である施設において，その施設処遇（児童福祉サービス）の枠内に収まる形で「品行方正な良い子」であらねばならないのか。さらになぜ，当該の施設処遇

の枠からハミ出した子どもは,児童自立支援施設や情緒障害児短期治療施設などといった,より「専門性」の高い施設へとさらなる措置の変更をされざるをえないのか。

このような「イノセンスの上書き」に耐えて「品行方正な良い子」であらねば,仮に問題行動を起こせば,次の施設が待っている。児童福祉システムに乗った子どもたちは,一見安心で安全な場所に移ることができたように見えて,その背後では陰に陽に前述のように〈主体化〉され続けているのである。

もちろん,児童福祉の領域は,必ずしも児童福祉システムによる〈主体化〉によってAちゃんのようなルートを辿ることになる子どもばかりではない。児童福祉システムのもとで初めて安心して安全に暮らす生活の場に至ることができた子どもや,虐待親の元で心身に深く傷を負わされながら,さまざまなケアラーの関わりの中で人間や社会に対する信頼を徐々に取り戻していくケースも多い。

しかし,全国的に見れば1年間でも少なからぬ数の子どもたちが,Aちゃんと同様な行き道——より「専門化されたエージェントへの措置変更」——を辿るのもまた事実なのである。

本章において概観してきた児童福祉と教育の臨界にある問題は,児童福祉と教育双方の論理から子どもたちのまわりに二重・三重の権力の網を張り巡らせることによっては解決しないものばかりである。

先に引用したアレントの観点からいえば,むしろそういった権力の網から子どもたちが解放される「私的領域」をどのように維持していくかが問題なのだといえる。

「児童虐待の防止等に関する法律」改正論議と併行して議論されている社会的養護の充実論が,「子どもの生命の成長と発展」の条件としての「私的領域」を守り,真に子どもたちの養護の永続性(パーマネンシー)を保障するために機能していくだろうか。ケアシステムの充実が,子ども存在の「たらい回し」を容易にする方向へと転ずることはないだろうか。

充溢するケアシステムの光の部分と影の部分をしっかり見極めながら，私たちは今後の展開を見守っていく必要があるだろう。

注

(1) 2006年5月に開催された「児童の権利条約第3回政府報告に関するNGOと関係省庁との意見交換会」において，「一時保護中の児童の教育保障は如何になされているのか」という参加者からの質問に対して厚労省は「一時保護中の児童の教育保障については，生活指導の一環として行っている。学校教員の派遣を行うケースもある」と返答し，現状の報告のみを行っている。

〈参考文献〉

Arendt, Hannah（1968 = 1994）「教育の危機」『過去と未来の間』みすず書房：233-264。
Foucault, M.（1975 = 1977）（田村俶訳）『監獄の誕生―監視と処罰―』新潮社。
Gubrium, J. F.& Holstein, J. A.（1990 = 1997）（中河伸俊・湯川純幸・鮎川潤訳）『家族とは何か――その言説と現実――』新曜社。
小林英義（1999）『児童自立支援施設とは何か――子どもたちへの真の教育保障のために――』教育史料出版会。
小林英義（2004）「施設入所の教育保障――法改正による児相自立支援施設の動向」小林英義・小木曽宏編『児童自立支援施設の可能性――教護院からのバトンタッチ』ミネルヴァ書房：76-106。
小玉重夫（1999）『教育改革と公共性――ボウルズ＝ギンタスからハンナ・アレントへ――』東京大学出版会。
子どもの権利条約市民・NGO報告書をつくる会編（1997）『国連子どもの権利委員会への市民・NGO報告書"豊かな国"日本社会における子ども期の喪失』家伝社。
厚生労働省編（2013）「児童相談所運営指針」
厚生労働省雇用均等・児童家庭局家庭福祉課（2014）『児童自立支援施設運営ハンドブック』
松本伊智朗（1996）「教育福祉問題と社会福祉実践」長谷川真人・神戸賢次・松井一晃（eds.）『「子どもの権利条約」時代の児童福祉③子どもの生活と援助』ミネルヴァ書房：193-206。
村井美紀・小林英義（2002）『虐待を受けた子どもへの自立支援――福祉現場からの提言――』中央法規。

日本弁護士連合会編（1996）「児童福祉法改正に関する意見書」
小林曽宏（2001）「子ども虐待の援助・支援制度」柏女霊峰監修・編著（2001）『子ども虐待――教師のための手引き――』時事通信社。
芹沢俊介（1989→1997）『現代〈子ども〉暴力論〈増補版〉』春秋社。
鈴木崇之（1999）「児童相談所一時保護所における児童の学習権保障に関する一考察――5つの児童相談所の比較検討から――」明治学院大学大学院社会学研究科社会学専攻『社会学専攻紀要』第22号：13-30。
鈴木崇之（2001）「児童相談所一時保護所における新たな取り組み」『世界の児童と母性』No.51：22-25。
鈴木崇之・小木曽宏（1999）「児童自立支援施設における中卒児処遇の現状と課題（その1）――先行文献と先行事例の検討から――」（日本社会福祉学会第47回大会当日配布レジュメ）
鈴木崇之・小木曽宏（2000）「児童自立支援施設における中卒児処遇の現状と課題（その2）――処遇形態および処遇実践の比較検討から――」（日本社会福祉学会第48回大会当日配布レジュメ）
鈴木崇之（2004）「中卒児処遇と自立支援」小林英義・小木曽宏編『児童自立支援施設の可能性――教護院からのバトンタッチ』ミネルヴァ書房：155-200。
鈴木崇之（2014）「学校教育との連携・協働」厚生労働省雇用均等・児童家庭局家庭福祉課（2014）『児童自立支援施設運営ハンドブック』：210-227。
鈴木崇之（2014）「年長児の自立支援」厚生労働省雇用均等・児童家庭局家庭福祉課『児童自立支援施設運営ハンドブック』：229-254。
高橋正教（1983→2001）「養護施設児童の高校進学問題」小川利夫・高橋正教編著『教育福祉論入門』光生館：90-112。
田澤薫（1999）『留岡幸助と感化教育――思想と実践――』勁草書房。
上野加代子・小木曽宏・鈴木崇之・野村知二編（2002）『児童虐待時代の福祉臨床学――子ども家庭福祉のフィールドワーク』明石書店。
吉田恒雄（1997）「児童福祉法における一時保護の法的諸問題」『白鴎法学』第8特別号：279-294。

コラム4

地震・津波・放射性物質汚染の三重苦の中から
――福島県下の児童養護施設における被災直後の対応状況と現状そして課題――

はじめに

　2011（平成23）年3月11日14時46分，東日本大震災の発端となる東北地方太平洋沖地震が発生した。福島県下では，白河市，須賀川市，国見町，鏡石町，天栄村，新地町，浪江町，そして福島第一原子力発電所の所在地である大熊町と双葉町，福島第二原子力発電所の所在地である楢葉町と富岡町において，震度6強が記録された。

　その後，地震によって引き起こされた津波が福島県浜通りの沿岸部を襲った。新聞等による後日の報道によると，福島第一原子力発電所では津波の高さが13.1m，相馬市では9.3m以上，福島第二原子力発電所では9.1mという計測結果が伝えられている。

　上記の地震による被害，津波による被害に加えて，現在に至っても多くの福島県民を苦しめ続けているのが福島第一原子力発電所事故による放射性物質汚染である。

　本稿では，地震・津波・放射性物質汚染という三重苦の中に置かれた福島県下の児童養護施設における被災直後の対応状況と現状について，概要を報告することとしたい。

1　いわき育英舎　――施設丸ごとの避難――

　いわき育英舎に関しては，施設長である市川誠子先生が「施設を出て避難生活。子どもたちの笑顔に支えられて」という文章を，『そだちと臨床』vol.11に寄稿しておられる。以下，市川先生の文章を元にしながら，筆者が情報を補足する形で論述していく。

　福島県いわき市小川町にある児童養護施設・いわき育英舎は，福島第一原発の南方34キロメートルの位置に存在している。福島県下の児童養護施設の中では最も福島第一原発に近い場所にある施設である。

　3月11日の地震におけるいわき市の震度は6弱であった。入所児童全員の無事は16時ごろには確認され，施設にも大きな破損は無かった。しかし，20時ごろまで停電となり，また断水となった。いわき育英舎では今後のことを考えて，夕食から非常食とした。

翌3月12日の15時36分頃の福島第一原発1号機の水蒸気爆発から始まり，3月下旬まで原発は危機的な状況が続いた。「余震の不安から一気に放射能の恐怖へと大きく変」わったと，市川先生は論じている。
　3月17日，福島県中央児童相談所に「福島県児童相談所東日本大震災要保護児童支援本部」が設置された。そこでの調整を経て，いわき育英舎は3月18日から31日まで，須賀川市にある児童自立支援施設・福島学園の空き寮舎に，施設丸ごと避難することとなった。
　この日の様子を市川先生は，「3月18日の朝，子どもたちは朝食後に自分の布団を丸めてひもで縛り，移動の準備を始め」たと記しておられる。子ども達と職員とが協力しあいながら，生活用品一式を持参して避難所に移るという大変な状況であったことがリアルに伝わってくる。
　避難前，いわき育英舎のライフラインは寸断されており，また通常の半分のおかずでやりくりしていた食糧等も残り10日で底をつく状態であった。避難後はライフラインも確保された状態で，食事も通常量に戻すことができた。子ども達と職員とが狭い空間で密着した状態であったことから，子どもに安心感を与えることができた半面，子ども同士のぶつかりあい等もみられたとのことであった。
　その後，いわき市では4月6日に入学式・始業式を実施するとの連絡が入ったことから，3月31日をもって再びいわき育英舎に戻ることとなった。
　現在は，月に一回は子ども達を連れていわき市を離れ，外遊びをする機会作っている。しかし，不足する費用は国内外からの義援金や県の事業等を利用しているものの，施設の負担も多く，財政面では苦労を強いられているとのことである。

2　相馬愛育園　——津波被害に近い場所で——

　相馬市立相馬愛育園は，福島第一原発の北方42kmの位置に存在している。
　相馬市は前述の通り9.3m以上の津波に襲われた。津波は日本百景のひとつに数えられる景勝地として名高かった松川浦を超え，約4kmほど遡上した。
　相馬愛育園は，海岸線から約7kmほどの地点に位置していたため直接の津波被害は免れたが，継続する余震と津波の再来，そして原発事故の影響に対する不安の中で子ども達は生活することとなった。
　特に，津波被害に関しては，沿岸部の被災地の状況が落ち着いた頃あいを見計らって，園児たちと見学をし，話し合いの機会を設けたとのことであった。
　また，高年齢児には，避難所等における物資運搬や炊き出しなどのボランティアを体験させたとのことである。

現況としては、まず食物に関しては、産地を確認し、安全が保障されている物を使っているとのことである。また、屋外での活動については、活動時間を2時間程度に制限するなどして、できるだけ放射線量を低く抑える努力をしているとのことである。さらに、施設で放射能測定器を入手後は毎日測定を行い、高圧洗浄機よる園舎周りの除染と園庭の表土剥ぎ換えを行っているとのことである。

3　福島愛育園　──除染作業に苦しむ──

福島愛育園は、福島第一原発の北西58kmの位置に存在している。距離的には離れているものの、原発事故後の放射性物質を含んだ降雨等の影響もあり、6月13日時点で第一園庭中央付近の放射線量が2.1μSv/hを記録する等、県下の児童養護施設の中では最も高い線量が計測されている。

福島愛育園の状況は、『児童養護』vol.42, No.1の座談会「東日本大震災現場の声と児童養護施設」における福島愛育園統括主任・遠藤嘉邦先生の発言にて震災直後から6月上旬時点までの詳細が論じられている。

ここでは、施設長である斎藤久夫先生から伺ったお話を中心に紹介していきたい。

子ども達の被ばくを防ぐため、学齢児は登下校時にマスクと帽子を着用させている。また、幼児の散歩は1日30分以内としている。

福島愛育園は自然豊かな環境の中にあるが、虫には一切触れさせず、今夏はプールもほとんど入ることができなかった。

さらに内部被ばくを予防する観点から、食事には県産品は使用しておらず、飲料水も水道水は使用していない等、徹底した配慮を行っている。

現在困っているのは、除染の問題である。除染に関する県からの補助金が400万しか出ておらず、施設全体の除染には全く足りない額である。同法人の保育所は県と市の双方から総額1000万円の補助金が交付され、園庭等の表土剥ぎ取りや除染が行われた。しかし、児童養護施設は敷地面積が広いためなかなか除染が進められていない。不慣れな職員が、少しずつ除染を進めている他、沖縄県等他県から技術協力を申し出てくれた方もいたとのことであった。

福島県下の児童養護施設における今後の課題

紙面の制約もあり、本稿では地震・津波・放射性物質汚染の三重苦の中で、子どもの安全・安心を守るために可能な限りの対応を行いながら現在に至っている代表的な3施設の概況を報告させていただいた。

本節では、福島県社会福祉協議会児童福祉施設部会の協力を得て行ったアンケート調査から見えてきた福島県下の児童養護施設における今後の課題について紹介していきたい。

課題①　緊急時対応計画の見直し

　震災前の時点においても各施設において緊急時対応計画は策定されていたが，改めて見直しが必要だと感じているという声が聞かれた。例えば，非常食や水，燃料等の備蓄体制に関しては，多くの施設では3日分は用意されていたが，今回のケースではライフラインも交通手段も断たれた場合には，不十分であることが証明されてしまった。

　また，マニュアルを作成するだけではなく，とっさの場合にすみやかに対応できるように，職員が十分な理解をし，また折に触れて予行練習を行っておく必要があるという声も聞かれた。

課題②　児童相談所と連携体制の見直し

　今回の震災ではライフラインだけでなく，通信手段も寸断され，児童相談所と細やかな連携が取れない状態の中で施設が孤立するケースが見られた。ある施設では，原発事故の渦中の中で28条ケースの保護者からの引き取り要求があり，「保護者と共に県外に避難するよりも施設に居たほうが安全」と言い切れない状況の中で，保護者を説得せねばならなかったというケースがあった。

　また，今回は児童養護施設が県外へ移るケースは無かったが，そのような必要性が生じた場合，どのように他県の児童相談所や児童養護施設と連携をとるかという点も問題として残されている。

課題③　除染／子どもの低線量被ばくへの対応

　前述の福島愛育園の現状の節でも触れたが，除染に関しては費用およびマンパワーの双方が足りていない。雨樋や排水路等，放射性物質の貯まりやすい場所がホットスポット化するという状態が現在進行形で進んでいる。一刻も早い予算措置と除染の対応が必要である。

　また，子どもの外部被ばく，内部被ばくに関しても，各施設で工夫しながら対応を行っているものの，依然として先行きが見えない状態が続いている。

　2011年9月末時点で県内17市町村では個人積算線量計（ガラスバッジ）が子ども達に配布され，また希望者に対して内部被ばく検査（ホールボディカウンター）を行った市町村もある。しかしながら，積算量を評価する基準が明確でなく，「かえって不安をあおるだけではないか」という声も上がっている。

課題④　心理面のケアと自立支援上の課題

　福島県では放射性物質汚染による被害も依然として拡大を続けており，また地震の余震も収束したとは言えない状態が続いている。阪神淡路大震災の経験では，震災後6ヶ月ほど経過した時点で子ども達のPTSD等の問題が顕在化し始めたという。従って，福島県の児童養護施設においても心理面に対するケアをさらに充実させていかねばならない段階に来ているといえよう。

　一方，これは震災以前から継続する課題でもあるが，子ども達が大量の支援物資を貰うことに慣れ過ぎてしまい，物を大切にしたり，おこづかいを少しずつ貯めて欲しいものを買ったりという自立に必要な経済観念の獲得に支障が生じているという声も聞かれた。

　福島県下の児童養護施設はまだまだ支援が必要な状況にある。特に，除染に悩む福島愛育園には，金銭・マンパワーの両面からの支援が必要である。本稿に目を通していただいた方に，さらなる支援をお願い申し上げて，本稿を終えることとしたい。

〈参考文献〉

市川誠子（2011）「施設を出て避難生活。子どもたちの笑顔に支えられて」『そだちと臨床』vol.11：23-27。

三上邦彦・刈谷忠・遠藤嘉邦・尾形明美・斎藤美江子（2011）「座談会・東日本大震災現場の声と児童養護施設　——その時何が起こったか，今何が起きているか——」『児童養護』vol.42, No.1：6-24。

〈謝辞〉

　本稿の執筆にあたりまして，福島県社会福祉協議会児童福祉施設部会によるアンケートへの協力を得ました。部会長の神戸信行先生をはじめアンケートに協力いただきました先生がたに対しまして，ここに記して感謝の意を表します。

第 8 章　求められている養育・支援者の資質と役割

●ねらい●

　児童相談所による虐待対応処理件数は，2013（平成25）年度速報値では7万件に到達してしまった。

　社会的養護を必要とする子どもたちにおける被虐待児童の割合も，児童養護施設では，53.4％，里親家庭では31.5％と，非常に高い数値となっている（2008年2月の調査）[1]。

　このような数値的変化のみならず，入所児童の中の反応性愛着障がいの傾向や，生来的な発達障がいに加え，被虐待による影響で「発達障がい」的傾向を示す子どもが増加する等，質的な変化が社会的養護の現場の混乱に拍車をかけている。

　本章では，「児童養護施設運営指針」や「里親及びファミリーホーム養育指針」などを踏まえ，既存の社会的養護をとりまく環境とは量的にも質的に劇的な変化が生じつつある日本の社会環境下において，社会的養護の担い手となる人たちに求められる資質・役割，さらには役割によって異なる「果たすべき責務」について概説していく。

1 社会的養護の養育のあり方の基本における養育者・支援者の資質・役割

❖ 「児童養護施設運営指針」や「里親及びファミリーホーム養育指針」における養育者・支援者の資質・役割

【養育を担う人の原則】
- 養育とは，子どもが自分の存在について「生まれてきてよかった」と意識的・無意識的に思い，自信を持てるようになることを基本の目的とする。そのためには安心して自分を委ねられる大人の存在が必要となる。
- 子どもの潜在可能性は，開かれた大人の存在によって引き出される。子どもの可能性に期待をいだきつつ寄り添う大人の存在は，これから大人に向かう子どもにとってのモデルとなる。
- ケアのはじまりは，家庭崩壊や親からの虐待に遭遇した子どもたちの背負わされた悲しみ，苦痛に，どれだけ思いを馳せることができるかにある。子どもの親や家族への理解はケアの「引き継ぎ」や「連続性」にとって不可避的課題である。
- 子どもたちを大切にしている大人の姿や，そこで育まれ，健やかに育っている子どもの姿に触れることで，親の変化も期待される。親のこころの中に，子どもの変化を通して「愛」の循環が生まれるように支えていくことも大切である。
- 養育者は，子どもたちに誠実にかかわりコミュニケーションを持てない心情や理屈では割り切れない情動に寄り添い，時間をかけ，心ひらくまで待つこと，かかわっていくことを大切にする必要がある。分からないことは無理に分かろうと理論にあてはめて納得してしまうよりも，分からなさを大切にし，見つめ，かかわり，考え，思いやり，調べ，研究していくことで分かる部分を増やしていくようにする。その姿勢を持ち続けることが，気づきへの感性を磨くことになる。

・子どもの養育を担う専門性は，養育の場で生きた過程を通して培われ続けなければならない。経験によって得られた知識と技能は，現実の養育の場面と過程のなかで絶えず見直しを迫られることになるからである。養育には，子どもの生活をトータルにとらえ，日常生活に根ざした平凡な養育のいとなみの質を追求する姿勢が求められる。

（「児童養護施設運営指針」より抜粋）

【社会的養護の担い手として】
・里親及びファミリーホームにおける家庭養護とは，私的な場で行われる社会的かつ公的な養育である。
・養育者の家庭で行われる養育は，気遣いや思いやりに基づいた営みであるが，その担い手である養育者は，社会的に養育を委託された養育責任の遂行者である。
・養育者は，子どもに安心で安全な環境を与え，その人格を尊重し，意見の表明や主体的な自己決定を支援し，子どもの権利を擁護する。
・養育者は子どもにとって自らが強い立場にあることを自覚し，相互のコミュニケーションに心がけることが重要である。
・養育者は独自の子育て観を優先せず，自らの養育のあり方を振り返るために，他者からの助言に耳を傾ける謙虚さが必要である。
・家庭養護の養育は，知識と技術に裏付けられた養育力の営みである。養育者は，研修・研鑽の機会を得ながら，自らの養育力を高める必要がある。
・養育者が，養育がこれでよいのか悩むことや思案することは，養育者としてよりよい養育を目指すからこそであり，恥ずべきことではない。養育に関してSOSを出せることは，養育者としての力量の一部である。
・養育が困難な状況になった場合，一人で抱え込むのではなく，社会的養護の担い手として速やかに他者の協力を求めることが大切である。
・児童相談所，里親支援機関，市町村の子育て支援サービス等を活用し，近

隣地域で，あるいは里親会や養育者同士のネットワークの中で子育ての悩みを相談し，社会的つながりを持ち，孤立しないことが重要である。
・家庭養護では，養育者が自信，希望や意欲を持って養育を行う必要がある。そのために自らの養育を「ひらき」，社会と「つながる」必要がある。

（「里親及びファミリーホーム養育指針」より抜粋）

❖ 「児童養護施設運営指針」「里親及びファミリーホーム養育指針」から読み取る「求められている養育・支援者の資質」

この二つの指針から共通して読み取れる養育者・支援者に求められている資質は，主に次の5つの内容である。
① 子どもの権利擁護を保障するための資質
② 子どものモデルとしてともに生き育つ存在
③ 子どものニーズに対応した適切な養育・支援をするための知識・技術・態度
④ チームワーク・ネットワークによって養育・支援する力量
⑤ 養育・支援の質の向上のための自己変革力

それでは，ここで，この5つの資質について簡単に説明する。
　① 子どもの権利擁護を保障するための資質
　　子どもの権利擁護を保障するための資質とは，子どもの人格を尊重し，生きる・育つ・守られる・参加するという4つの権利を保障するために，養育者・支援者に課せられた責務を遂行する資質である。
　　(i)より健康な心身をつくるための養育や病気の治療及び健康の回復のための処置がとられ，健やかに生きる権利を保障すること，(ii)「生まれてきてよかった・生きてきてよかった」といった感覚・認識の形成や潜在的な能力や可能性などを発達・成長するための養育や教育がなされ，育つ権利を保障すること，(iii)安心感・安全感などが得られる養育環境や幸福，愛情

及び理解のある雰囲気の中で，あたりまえの生活を営み，守られる権利を保障すること，(iv)自分の意見表明や主体的な自己決定への支援及び相互の合意や納得に基づくコミュニケーションなどにより参加する権利を保障すること。養育者・支援者は，この4つの権利を保障するために課せられた責務を果たすことのできる資質を養うことを求められている。

② 子どものモデルとしてともに生き育つ存在

子どもとの平凡な生活を営む上で大切なのが自己開示である。養育者・支援者は，ありのままの自分を引き受け，かけがえのない大切なひとりの人間として，また自己の不完全さをさらけ出しながらもともに成長する存在として 子どもに寄り添いながら楽しく豊かに生活することを求められている。このような子どもにとってのモデルとなる生活を営む養育者・支援者の存在が必要なのである。

③ 子どものニーズに対応した適切な養育・支援をするための知識・技術・態度・価値

養育者・支援者は，子どものニーズに対応した適時適切な言語的・非言語的なコミュニケーション，あるいは子どもが自己開示できるようになるまでその心情に寄り添いながら時間をかけて「待つこと」など，子どものさまざまなニーズに対応する適切な養育・支援をするための知識・技術・態度・価値を身につけることを求められている。

④ チームワーク・ネットワークによって養育・支援する力量

養育者・支援者は，ひとりで抱え込まず，相互に尊重し，相談し，支援し，協力しながら，チームとして，またその一員として子どもや保護者などへの養育・支援をすることのできる力量が求められている。また，養育者・支援者は，地域社会や児童相談所，里親支援機関，市町村などの関係機関によるネットワークと連携・協働して，子どもや保護者などへの養育・支援をすることのできる力量を求められている。

⑤　養育・支援の質の向上のための自己変革力

　養育者・支援者は，よりよい「支援の質」を追求する姿勢をもち，現場における生きた実践過程の中で，常に謙虚に自らのあり方を問いつづけ，研修，スーパービジョン，ケースカンファレンス，研究などを通して，自己研鑽，自己変革していく資質が求められている。

　この5つの資質については，運営指針を策定した他の児童福祉施設の職員であっても，求められている資質である。またこの5つは，母子生活支援施設の対象である母親を支援する上でも十分に通用する資質でもある。

　社会的養護を行う養育者・支援者は，「児童養護施設運営指針」と「里親及びファミリーホーム養育指針」から共通して読み取れたこの5つの養育者・支援者の資質を念頭に置くことが求められている。その上で，特に家庭養護を行う養育者・支援者には，その長所を伸ばしながらも，短所を直していくために地域社会や諸関連エージェントとの関係形成，研修受講・自己研鑽を通じて自らを高めていくという態度が求められている。

2　施設養護の担い手に求められる資質と役割

❖ 保育士・児童指導員の資質と役割

　2013（平成25）年より，児童福祉施設最低基準が条例委任されるが，人員配置，居室面積基準，人権に直結する運営基準については，「児童福祉施設の設備及び運営に関する基準」の大枠が遵守される方向性となった。したがって，保育士と児童指導員が施設養護における直接支援を担う主たる職員であるという位置づけは変わることなく続いていくこととなる。

　保育士資格は2003（平成5）年より国家資格化され，また2011（平成23）年度からはカリキュラムの改正が行われ，「相談援助演習」が新設された他，「児童家庭福祉」「社会的養護」「社会的養護内容」等が名称変更されると共に，講義内容も社会的養護分野における現代的な課題や，それに対応するための援助

技術を学ぶことができるように変更がなされた。

　一方、児童指導員は社会福祉士有資格者や精神保健福祉士有資格者が要件として規定されたが、「学校教育法の規定による大学の学部で、社会福祉学、心理学、教育学もしくは社会学を専修する学科又はこれらに相当する課程を修めて卒業した者」という旧来の規定も残されている。心理学、教育学、社会学を専修した大学卒業生というだけでは、児童家庭福祉や社会的養護について学んでいないことも多い。幅広い人材を受け入れるという意味ではこの要件は機能しているが、大学における教育で学んだ知識をそのまま社会的養護の現場に応用するという意味では課題も多い。

　保育士養成の現場では、近年「反省的実践家としての保育士」、「成長し続ける保育士」という保育者像について議論がなされている。資格取得はあくまでもスタートラインであり、資格を取得する過程はその後現場におけるOJT（職場内研修）によって反省しながら成長していくための助走期間であるという考え方である。

　施設養護の現場で働く人間にとっても、このことはまさに当てはまるといえる。

　前述した5つの基本的な資質を土台としながら、「社会的養護の課題と将来像」で論じられている「養育機能」「心理的ケア等の機能」「地域支援等の機能」という社会的養護の3つの機能を、与えられた役割と個別の子どもへの支援という具体的な状況の中で実施していくことが保育士・児童指導員の役割であるといえる。

❖ 心理療法担当職員の資質と役割

　児童養護施設等において、虐待、ひきこもり等の理由により心理療法が必要と児童相談所長が認めた子どもが10名以上入所している場合、心理療法担当職員を置かなければならない。1999（平成11）年の導入から徐々に設置が進んできているが、施設入所児童の心理的ケアに関する教育プログラムをもつ大学・大学院もまだ少なく、配置された職員も個別の遊戯療法等を行いながら手

探りで，施設内における自らの役割を探るところからスタートすることが多い。

　しかしながら，前述の通り入所児童の被虐待率が上昇する中で，心理療法担当職員に期待される役割は非常に多く，多くの心理療法担当職員は日々悩みながら実践を行っている。

　心理療法担当職員も，前項で紹介した「子どもの養育を担う専門性は，経験によって培われる必要があり，日常生活に根ざした養育の質の向上を追及すべき」という姿勢を基本的な資質としながらも，保育士・児童指導員とは異なる役割を担うべき点に留意が必要である。

　基本的には，子どもと保育士・児童指導員との生活場面における関係形成を，個別心理療法や集団心理療法等を用いながらサポートするというスタンスが求められる。また，保育士・児童指導員と信頼関係を形成する中で，特に心理面におけるコンサルテーションを行う役割も期待されている。

■エピソード：「絵カード」を使用しろと言われたけれど……
　エミちゃん（小学2年生）は，母親から暴力・暴言を受けて児童養護施設に入所した。児童相談所の援助指針には，エミちゃん自身のアスペルガー障がいも母親の虐待の要因となっていた旨が記されていた。実際にエミちゃんのこだわり等は激しく，毎食時に適切な時間で食事を切り上げることができず，登校時間に遅れることが続いていた。
　主任児童指導員がアスペルガー障がい児の養育には「絵カード」が有効であることをケース会議の場で提案した。この提案を受け，担当保育士はエミちゃんの食事テーブルに「時計の写真」を張り，「とけいのはりがここにきたら，しょくじをやめて，がっこうにいくじゅんびをするよ！」というメッセージを添えた。
　しかしながら，エミちゃんの遅刻はなかなか解消されなかった。翌月のケース会議にて，行動の改善が見られないことに疑問を感じた心理療法担当職員が，実際の「絵カード」を確認した。すると，「絵カード」の写真と食堂の実際の時計とが，似ても似つかないデザインだったことが判明した。
　心理療法担当職員は，「絵カード」を実際の時計の写真で作り直すように提案すると共に，担当保育士になぜアスペルガー障がいの子どもに絵カードが有効なのかを，アスペルガー障がいの子どもの心理メカニズムとともに分かりやすく説明した。
　このコンサルテーションが功を奏し，エミちゃんの登校遅れが改善されると共に，他の場面でのこだわり行動を改善するためにも，絵カードが効果的に活用されるようになった。

また，情緒障害児短期治療施設では，概ね子ども10人につき1人以上心理療法担当職員を置かなければならないことになっている。その心理療法担当職員に求められる資質や役割については，情緒障害児短期治療施設運営指針の中で次のように述べられている。

【心理士に求められるもの】
・情短施設の心理士に求められるものは，総合的な治療・支援の中心的な役割を担うことであり，そのために，
  (a) 医師と協働して，発達的，精神病理学的観点から子どものアセスメントを行い，生活の場の様子，家族や施設の職員，子どもたちとの関係を考慮して，治療方針を考えること（ケースフォーミュレーション），
  (b) 家族，施設のケアワーカー，医師，児童相談所の児童福祉司や学校の教員など，子どもの関係者に治療方針を伝え，それぞれの支援者の子どもへの支援が離齬がなく協働できるように調整すること（ケースコーディネート），
  (c) このような総合的な治療を進めていくこと（ケースマネージメント），
  (d) そして，子どもとどうかかわるかなどについて，ケアワーカーや学校の教員の相談にのること（コンサルテーション）
  などが求められる。
・心理士は，子どもや家族がどのように周りの世界を見て感じているか，そのような状況でどう振舞おうとするかを常に理解しようとする真摯な態度を保つことが基本として求められる。そして，考えたことを相手に理解できるように伝えることが求められる。また，その子どもや家族が様々な困難や苦境の中今まで生きてきたことに対する畏敬の念を持って，かかわることが基本である。
・その上で，治療方針を立て，治療を進めるために，スーパービジョンを受けたり，研修，研究を積み重ねて，自分の実践を振り返り，専門性を高めることが必要である。

（「情緒障害児短期治療施設運営指針」より抜粋）

❖ 家庭支援専門相談員の資質と役割

　家庭支援専門相談員（ファミリーソーシャルワーカー）は，2004（平成16）年度から常勤配置が始まった施設入所児童の家庭復帰等を支援する専門職である。「児童養護施設運営指針」における「養育のあり方の基本」でも，「従来の『家庭代替』機能から『ファミリーソーシャルワーク』への転換が求められている」とされていたように，まず保育士・児童指導員は単なるケアワーカーではなくレジデンシャル・ソーシャルワーカーとして機能しなくてはならない。その上で，さらに家庭支援専門相談員と連携しながら，入所児童だけでなく家族に対する支援を行うことで，「家族システム」の全体に対する包括的な支援が期待できる。

　家庭支援専門相談員には，保育士・児童指導員が子どもとの直接支援において果たしている役割を深く理解した上で，適切なソーシャルワーク技法を用いて子どもと家族の双方を支援するという役割が期待されている。

❖ 医療職（医師・看護師）の資質と役割

　児童養護施設の場合，乳児を入所させている施設は看護師を置かねばならない。また，嘱託医等として施設に関わっている医師も多い。

　施設養護の現場における医療職の役割は，子どもの健康を守ることはもちろんであるが，児童相談所では見過ごされていた身体的虐待の痕跡に気づくことや，発達障がい等に関する診断，投薬管理への協力等，多岐に渡る。

　自らの身体を守ることを知らずに育ってきた子どもにその大切さを伝えたり，医療ネグレクトの環境下にあった子どもに恐怖心を持たずに治療を受けられるように発達段階に応じたプレパレーション（心理的準備）を行うなど，施設入所児童の特質を理解した上で，医療行為を行うことが求められる。

　また，情緒障害児短期治療施設のように，常勤の医師が配置されている場合には，医師による治療が必要な子どもに対する適切な治療や他職種への支援をすることが，医師の大切な役割である。

医師の役割としては，(i)治療が必要な子どもへの診療を定期的かつ必要に応じて行うこと，(ii)子どもの状態によって向精神薬などの服薬や治療が必要となる場合には，子ども，保護者，児童相談所などへのインフォームドコンセントを行い，同意をとること，(iii)子どもの治療的ケアなどについて，他職種の職員へのスーパービジョンや研修を実施すること，などである。また，医師は，他の職種の職員にとってみれば，緊急の問題発生時など，いざという事態に対して中心的な役割を担い，適切に処置してもらえるという安心感を与える存在でもあり，職員のメンタルヘルスにも役立っている。

❖ 調理員・栄養士の資質と役割

2005（平成17）年に食育基本法が成立し，「食育によって国民が生涯にわたって健全な心身を培い，豊かな人間性を育むこと」が目的として掲げられた。また，2010（平成22）年には厚生労働省雇用均等・児童家庭局母子保健課から「児童福祉施設における食事の提供ガイド ——児童福祉施設における食事の提供及び栄養管理に関する研究会報告書——」が出され，「食事の提供」と「食育」とを一体的な取組みとして行うための基本的な枠組みが提示された。

単なる「栄養管理」に留まらず，「心と体の健康の確保」「安全・安心な食事の確保」「豊かな食体験の確保」「食生活の自立支援」という目標に向け，保育士，栄養士，調理員，そして他の施設職員がそれぞれの持ち味を活かしながら，よりよい食事の提供を行うことが求められている。

また，施設によっては，子どもの調理実習を，調理員や栄養士が調理室で実施している。このような場合には，子どもを支援するための一部を担うことになるので，調理員や栄養士は，子どもへの支援の基本を身につけて置くことが求められている。

エピソードとしては，調理実習にいった子どもが，調理員にほめられ，調理が好きになって，飲食店に就職して腕を磨き，自分で店をもったという例もある。

❖ 施設長の資質とリーダーシップ

　2012（平成24）年4月の民法改正により，児童相談所長および施設長による親権代行権が強化された。このことにより，これまでは「児童の監護等に関しその福祉に必要な措置をとることができる」といった曖昧な規定であったが，親権者による不当な妨げを退けることができるようになり，また必要な場合には，親権者の意に反しても子どもの生命・安全を守ることができることとなった。

　施設長であることは，単に施設の長であるのみならず，入所児童一人ひとりの親権を代行する存在であり，一段とその責任が重くなったといっても過言ではないであろう。

　自立支援計画の立案，被措置児童虐待防止，施設運営改善を先頭に立って指揮する立場にあることから，児童福祉に関する高い見識と，運営能力が求められている。さらに，2012年度以降は3年に1回のペースで第三者評価を受審することが求められている。

　このように施設長の権限が強化されるとともに，管理者責任の重みは増している。しかしそのような中でも，施設長は入所児童一人ひとりの様子を自らの五感で確認し，また職員一人ひとりの成長の様子を確認しながら適切な助言を行うというスーパーバイザーとしての役割を担うという基本的な役割を忘れてはならない。

3　家庭養護の担い手に求められる資質と役割

　家庭養護の場合には，有資格者が，専門家集団の中で子ども理解の視点や養育技術を学びとるといった，戦後の施設養護を支えてきた条件を前提とすることができないという背景がある。

　この中で，家庭養護の担い手たちは，自らが行う養育が「私的な場で行われる社会的かつ公的な養育」であるという役割意識を十分に持ち，独善的で閉じられた養育にならないように注意を払う必要がある。

長年，里親の支援に携わってきた岩崎美枝子は，家庭養護において養育者と子どもとの関係が成立するまでに3日ほどから1週間ほど続く「見せかけの時期（子どもが良い子を演じる）」，3日目前後から半年，場合によっては1年ほど続くという「試しの時期（どんな自分でも受け止めてもらえるのかを試す）」，そしてこれらの過程を経て「親子関係が形成される時期」へと至ると論じている。ところが，この「試しの時期」に養育者は，ありのままの子どもの姿を受け止めることができず，つい養育者にとっての良い子を求めてしまい，必要以上に叱責したりという悪循環が形成されることとなる。

家庭養護の担い手には，上記のような典型的なメカニズムを理解し，必要に応じて他者からの支援を受け，時にレスパイト休暇なども取りながら，腰の据わった養育を行うことが求められる。

4　社会的養護従事者へ求められるこれから

本章の冒頭に記したように，被措置児童の質量の激増の中で，私たちは養育の困難性に対応していかねばならない。にもかかわらず，施設の小規模化と家庭養護重視の方向性が進む中で，ベテランの養育を直接見ながら，「背中で学ぶ」ということが難しい状況が生じ始めている。

そのような中で必要となるのは，「児童養護施設運営指針」など各種別の運営指針における「養育のあり方の基本」および「里親及びファミリーホーム養育指針」における「家庭養護のあり方の基本」などを自らの養育の基本線として頭に入れて，施設養護であれば，施設長から保育士・児童指導員までのチームで，そして家庭養護であれば，里親会やファミリーホーム協議会等をはじめとしたネットワークの中で，自らの実践が「社会的養護」であることを常に意識して「開かれた養育」を行うことである。

紙幅の関係上，各論については十分に論じられなかったが，ぜひ「児童養護施設運営指針」および「里親及び里親ファミリーホーム養育指針」などを通読し，社会的養護に従事する養育・支援者に求められている資質と役割を理解し

た上で，一人ひとりの子どもたちに向き合っていっていただきたい。

注

(1) 厚生労働省「社会的養護の現状について（平成26年3月版）」(http://www.mhlw.go.jp/stf/seisakunitsuite/bunya/kodomo_kosodate/syakaiteki_yougo)
(2) 厚生労働省「社会的養護の課題と将来像の取組状況（平成26年10月版）」(http://www.mhlw.go.jp/stf/seisakunitsuite/bunya/kodomo_kosodate/syakaiteki_yougo)

〈参考文献〉

児童自立支援対策研究会編（2005）『子ども・家族の自立を支援するために──子ども自立支援ハンドブック──』日本児童福祉協会。
家庭養護促進協会編（2004）『血のつながりを超えて親子になる（改訂版）』
加藤尚子編（2012）『施設心理士という仕事──児童養護施設と児童虐待への心理的アプローチ──』ミネルヴァ書房。
厚生労働省編（2012）「児童養護施設運営指針」(2012年3月29日　厚生労働省雇用均等・児童家庭局長通知)
厚生労働省編（2012）「里親及び里親ファミリーホーム養育指針」(2012年3月29日　厚生労働省雇用均等・児童家庭局長通知)
小木曽宏・宮本秀樹・鈴木崇之編著（2012）『よくわかる社会的養護内容』ミネルヴァ書房。

第 9 章　中山間地域における市町村要保護児童対策地域協議会の現状と課題

──福島県会津児童相談所管内を例として──

● ね　ら　い ●

　2005（平成17）年4月の改正児童福祉法により，「市町村」は児童家庭福祉相談の一義的窓口として位置づけられ，児童相談所は，市町村が行う児童家庭福祉相談の後方支援を行うこととされた。また，主に市町村において児童家庭福祉相談を行う対応機関として「要保護児童対策地域協議会」が法定化された。要保護児童対策地域協議会は，1996（平成8）年からの厚生省「児童虐待ケースマネジメントモデル事業」および2000（平成12）年からの厚生省「児童虐待防止市町村ネットワーク事業」の実績に基づいて法定化された。そのため，児童相談所児童福祉司等が行う「ケースワーク」とは異なり，地域での生活を希望する複合的なニーズを持つ利用者に対して，サービスや支援のネットワークを組織化し，調整し，維持するための社会福祉援助技術である「ケースマネジメント」が主たる援助方法となる。

　2009（平成21）年4月1日現在の時点で，全国の要保護児童対策地域協議会等の設置数および設置率は，1,755か所（97.6%）だった。しかしながら，会津児童相談所管内の設置率は，2009年12月現在で82.4%と低い数値に留まっていた（2014年4月現在では100%）。また，会津児童相談所管内の市町村では，設置された要保護児童対策地域協議会等の活用が十分に進んでいないという実態が存在する。この背景には，① 市町村の担当者の異動，過疎化や少子化・高齢化の進行による参加者の固定化，スーパーバイザーの不在等といった「マンパワー不足」による要保護児童対策地域協議会設置の遅れ，② 要保護児童対策地域協議会に適合するケース数の少なさ，関連施設・機関からの要保護児童対策地域協議会設置意義の理解不足，要保護児童対策地域協議会事務局の担当者の信頼性の不足等を要因とする要保護児童対策地域協議会活用の不活発さ，③ 市町村と児童相談所の双方の連携体制構築上の問題や，第三者的立場からのスーパーバイズ体制の不十分さ等が背景にあると考えられる。

　筆者は，福島県児童虐待対応専門員および市町村児童相談体制強化支援アドバイザーとして，市町村児童相談体制強化実践研修会講師や，要保護児童対策地域協議会代表者会議等における講演会講師としての活動を通じて，主に上記 ① の問題点を改善するための取り組みを続けてきた。今後は，② および ③ の課題を改善するための取り組みが必要になると想定される。

1　目的と課題

❖ 目　的

　周知の通り，児童虐待相談の増加により，児童相談所は疲弊している。児童相談所では「養護」「育成」「非行」「障害」の各相談領域について対応を行ってきた。しかし，主に「養護」相談の範疇に入る児童虐待相談の増加により，これまで対応してきた相談領域の維持が困難になりつつある。このような社会的な変化の中で，2005年4月に改正児童福祉法が施行された。本改正では，市町村を児童家庭福祉相談の一義的窓口として位置づけ，児童相談所は，市町村が行う児童家庭福祉相談の後方支援を行うこととされた。また，改正児童福祉法では，主に市町村において児童家庭福祉相談対応を行う対応機関として「要保護児童対策地域協議会」が法定化された（児童福祉法第25条の2）。

　2009年4月1日現在の時点で，要保護児童対策地域協議会又は児童虐待防止ネットワークを設置済みである市区町村の数及び割合は，1,755か所（97.6%）となっており，ほとんどの市町村に，児童家庭福祉相談対応機関が設置されたこととなる。しかしながら，会津児童相談所管内の要保護児童対策地域協議会又は児童虐待防止ネットワークの設置率は，2009年12月現在で82.4%と低い数値に留まっていた。また，会津児童相談所管内の市町村では，設置された要保護児童対策地域協議会等の活用が十分に進んでいないという実態が存在する。

　本章では，市町村要保護児童対策地域協議会が，法定化される経緯や対象，方法等の基本的事項の確認の後，全国・福島県・会津管内における要保護児童対策地域協議会又は児童虐待防止ネットワークの設置状況を確認していく。さらに，要保護児童対策地域協議会等の設置や活用に関する諸問題について検討した後，福島県虐待対応専門員および市町村児童相談体制強化支援アドバイザーとして，筆者の活動状況を元に問題状況への対応の現状を報告していきたい。

第 9 章　中山間地域における市町村要保護児童 対策地域協議会の現状と課題

❖ これまでの研究経過

　まず，要保護児童対策地域協議会における主要な援助技術であるケースマネジメント（＝ケアマネジメント）について，筆者は，社団法人日本社会福祉士会・ケアマネジメント研究会障害者班の委員として，論文「ケアマネジメント実践記録様式・知的障害者版試作版について」(鈴木　2000：51-57) を執筆した。また，本研究会における議論を踏まえた知的障害者ケアマネジメントの全体的な動向について，論文「知的障害者ケアマネジメントの現状と課題――日本社会福祉士会ケアマネジメント研究会における検討を通じて――」(鈴木　2001：39-49) としてまとめた。

　また，2003（平成15）年からは，沖縄大学地域研究所所員として文部科学省科学研究費補助金研究「過疎化・超高齢化に直面する沖縄『近海離島』における持続的発展モデルの構築――戦後沖縄の離島社会における社会変動に関する環境史的研究――」研究チームの一員となり，3 年間に渡りフィールド調査を行った。筆者は，離島の地域福祉・教育に焦点を当てて研究を行い，座間味村，渡嘉敷村，粟国村，渡名喜村における地域子育て支援の現状について，論文「沖縄県近海離島における次世代育成支援――地域子育て支援を中心に――」(鈴木　2006：191-223) を執筆した。

　2005 年 4 月の改正児童福祉法施行により要保護児童対策地域協議会が法定化されたことを受け，筆者も要保護児童対策地域協議会に焦点を当てた研究を開始した。2006（平成18）年度には，㈶こども未来財団・児童関連サービス調査研究等事業の助成を受け，要保護児童対策地域協議会に関する文献のレビューおよび全国の要保護児童対策地域協議会既設置市町村における非行相談対応の現状と課題に関する調査を行った（鈴木　2007：125-132）。また，2007（平成19）年 6 月の日本子ども家庭福祉学会第 8 回全国大会（於．大阪大谷大学）において，研究の一部を「要保護児童対策地域協議会における非行ケース処遇の実態――先駆的取組みを行っている 4 市町村および 4 児相における聞き取り調査から――」として報告した。2007 年度も，引き続き㈶こども未来財団・児童

関連サービス調査研究等事業の助成を受け，全国の要保護児童対策地域協議会既設置市町村における非行相談対応の現状と課題に関する調査を行い，要保護児童対策地域協議会における非行相談のマニュアル作成を行った（鈴木　2008：101-108）。

　2007年度より，福島県虐待対応専門員の委嘱を受け，主に福島県会津児童相談所を中心に「児童相談所で扱う虐待ケースへの法的対応に関する助言指導」「児童養護施設における入所児童処遇に関するスーパーバイズ」「その他児童相談所等における業務に関する助言等」を行っている。また，2008（平成20）年3月からは，市町村児童相談体制強化支援アドバイザーの委嘱を受け，市町村の児童相談担当者等に対する助言指導を行っている。

　さらに，2008年度には，2008年度会津大学短期大学部奨励研究として個人研究「会津管内における市町村要保護児童対策地域協議会の現状と課題」の研究費助成を受けた。

　本研究は，日本社会福祉士会，文部科学省科学研究費補助金，こども未来財団・児童関連サービス調査研究等事業の助成を受けた研究の蓄積を土台として，会津大学短期大学部奨励研究の助成により実施されたものである。

2　市町村要保護児童対策地域協議会とは何か

❖ 市町村要保護児童対策地域協議会法定化までの流れ

　本節では，市町村要保護児童対策地域協議会が法定化されるまでの流れを概説していきたい。

　厚生省（当時）が，児童相談所相談処理件数統計の「児童虐待」のカウントを開始したのは1990（平成2）年からであった。アメリカ等における児童虐待問題の社会問題化の流れを受け，これまで日本では，「養護相談」の一種として一括して統計処理していた「虐待相談」について，単独での統計を出すこととしたのであった。この年の相談処理件数統計は1,101件であった。その後，「虐待相談」の相談処理件数は増加し続け，1996年には4,102件に上った。こ

第9章　中山間地域における市町村要保護児童 対策地域協議会の現状と課題　165

の年，厚生省（当時）は「児童虐待ケースマネジメントモデル事業」をスタートさせた。本事業は，児童の虐待の早期発見と迅速な対応，継続的なフォローアップのために，地域虐待対応ネットワークを構築し，虐待の早期発見に努めるとともに，ケースマネジメントを実施し，福祉事務所，医師，弁護士，警察等の関係者を含めたチームとの連携により，困難事例への対応を目指すという試行事業であった。

　2000年5月，「児童虐待の防止等に関する法律」が制定され，同年11月より施行された。これまでも児童相談所は「虐待相談」を受け付けていたが，本法律により児童虐待の4つの種別（「身体的虐待」「心理的虐待」「性的虐待」「ネグレクト」）が定義され，また国や児童福祉に関わる人びとの児童虐待防止に対する責任や義務が明確化されることとなった。本法律の施行に併行して，住民に身近な市町村域における児童虐待防止の取り組みの必要性が高まったことから，厚生省は「児童虐待防止市町村ネットワーク事業」を開始した。

　「児童虐待防止市町村ネットワーク事業」の事業内容については，次のように規定がなされていた。それは「市町村は，地域における児童虐待の防止と早期発見に努めるため，地域における保健・医療・福祉の行政機関，教育委員会，警察，弁護士，ボランティア団体等の関係機関・団体等（以下「関係機関等」という。）から構成する児童虐待防止協議会を設置し，『児童虐待についての関係機関等相互の情報交換及び状況把握に関すること』『地域における児童虐待防止や早期発見を円滑に実施するため，関係機関等が行う事業等の効果的な連携に関すること』『地域住民等に対する児童虐待に関する理解を深めるための啓発活動に関すること』『その他の児童虐待防止策に関すること』について定期的に検討するとともに，具体的な虐待事例の検討を随時に行う」というものであった。

　2005年，改正児童福祉法が施行された。本改正では，児童家庭福祉相談の一義的窓口として「市町村」が位置づけられ，児童および妊産婦の福祉に関する「情報把握」「情報提供」「相談・調査・指導」を行うこと，また前記のうち

専門性を要するものについては，児童相談所に援助・助言を求めること，さらに「相談・調査・指導」を行うにあたっては，児童相談所の判定を求めることが明記された。

また本改正では，「児童福祉法第25条の2」として，「要保護児童対策地域協議会」が規定され，「地方公共団体は，単独で又は共同して，要保護児童の適切な保護を図るため，関係機関，関係団体及び児童の福祉に関連する職務に従事する者その他の関係者（以下，『関係機関等』という。）により構成される要保護児童対策地域協議会（以下，『協議会』という。）を置くことができる」とされた。これは，「児童虐待ケースマネジメントモデル事業」および「児童虐待防止市町村ネットワーク事業」の実績を踏まえて，法律化されたものであった。ちなみに改正児童福祉法施行に先立つ2005年2月25日に，厚生労働省は雇用機会均等・児童家庭局長通知として「要保護児童対策地域協議会設置・運営指針」を発出している。

さらに2007年4月施行の改正児童福祉法では，要保護児童対策地域協議会の設置を「努力義務」に引き上げることが決定された。また，要保護児童対策地域協議会の設置率を増加するために，厚生労働省は2007年5月に「要保護児童対策地域協議会（子どもを守る地域ネットワーク）スタートアップマニュアル」を公表し，未設置市町村の取組みを促してきた。2008年10月には日本における要保護児童対策地域協議会に関する研究の第一人者である加藤曜子・安部計彦の編集による『子どもを守る地域ネットワーク活動実践ハンドブック』（中央法規）が刊行された。本書は，「児童虐待ケースマネジメントモデル事業」および「児童虐待防止市町村ネットワーク事業」等を行ってきた先行市町村の実践成果を紹介しつつ，これから要保護児童対策地域協議会を設置しようとする市町村が，直面するであろう課題に対する適切な助言が記されている実践的なハンドブックである。

第9章　中山間地域における市町村要保護児童対策地域協議会の現状と課題

❖ 市町村要保護児童対策地域協議会の対象

　厚生労働省による『子ども・家族の相談援助をするために――市町村児童家庭相談援助指針／児童相談所運営指針――』によれば，要保護児童対策地域協議会の対象児童は「要保護児童（保護者のいない児童又は保護者に監護させることが不適当であると認められる者）」とされている。ここでは，虐待を受けた子どもに限らず，「非行児童なども含まれる」とされていた（厚生労働省　2005）。

　しかしながら，要保護児童対策地域協議会は「児童虐待ケースマネジメントモデル事業」および「児童虐待防止市町村ネットワーク事業」の実績を元にして成立したという経緯が背景にあったため，児童虐待問題のある子どもや家族に対する対応を主としながら展開してきた。

　2009年4月には，児童福祉法が改正され，要保護児童対策地域協議会の対象は，保護者のいない児童，または保護者に監護させることが不適当であると認められる「要保護児童」，保護者の養育を支援することが特に必要と認められる「要支援児童及びその保護者」，出産後の養育について出産前において支援を行うことが特に必要と認められる「特定妊婦」までが対象となった。

❖ 市町村要保護児童対策地域協議会の方法
――子ども家庭福祉相談におけるケースマネジメント――

　前述のように，要保護児童対策地域協議会は，1996年からの厚生省「児童虐待ケースマネジメントモデル事業」および2000年からの厚生省「児童虐待防止市町村ネットワーク事業」の実績に基づいて法定化されたものである。「児童虐待ケースマネジメントモデル事業」の事業名称に記されていたように，要保護児童対策地域協議会における援助方法の基本は「ケースマネジメント」である。「ケースマネジメント」は「ケアマネジメント」とほぼ同義であるが，日本においては「ケアマネジメント」は介護保険制度の導入とともに知られてきた経緯がある。ここで，福富昌城（2000：7-9）の整理を元に，改めて「ケアマネジメント」の定義について確認しておきたい。福富はM. ホワイト，前

田大作,D. チャリスと B. ディヴィス,白澤政和,加瀬裕子,D. P. マクスリー,C. ラップ,及び身体障害者ケアガイドライン試行事業における定義を踏まえ,次のようにケアマネジメントを定義した。

「(1) 定義と対象
　ケアマネジメントとは,地域生活の継続を希望する人のうち,複合的なニーズをもち,かつ専門的なケアマネジメントを必要としている人に対応する援助の方法である。
　その援助対象は,年齢,障害の種別に関係することなく,なんらかの原因で生活困難を抱えた生活者である。
(2) 機能
　ケアマネジメントは,利用者のニーズとそのニーズを満たすことができるフォーマル／インフォーマルな社会資源と結びつけ,必要に応じて,社会資源の開発につなげていく援助を行うものである。こういったケアマネジメントによる援助は利用者のニーズの代弁,権利擁護という機能を果たすものである。
(3) 目的
　ケアマネジメントの援助の目的は,利用者の『市民としての当たり前の生活の保障』『自立支援』『生活の質の向上』である。
(4) 援助の方向性
　ケアマネジメントの援助の展開の方向性は,専門家やサービス提供者主体ではなく利用者主体の生活支援で行われなければならない。
　この意味で,ケアマネジメントは利用者の疾病や障害,それによる ADL・IADL 能力の低下した部分に焦点を当て,それを治療しようとする医学的疾病モデル (medical disease model) ではなく,利用者の直面している問題を利用者その人と環境の間で起こる不適応な交互作用の形態と捉える生活モデル (life model) を基盤とする援助の方法であると考える。」(福富　2000 : 12-13)

児童相談所においては，児童福祉司等ソーシャルワークの訓練を受けた者が，専門的援助技術としてケースワークを行っている。「ケースワーク」とは，困難な課題，問題をもった対象者が，主体的に生活できるように支援・援助を行う，個別に対する社会福祉援助技術のことである。
　一方，「ケースマネジメント」とは，地域での生活を希望する複合的なニーズを持つ利用者に対して，フォーマルおよびインフォーマルなサービスや支援のネットワークを組織化し，調整し，維持することを指す。つまり要保護児童対策地域協議会は，連絡調整担当者の元，児童委員や学校教員等が，各々の持ち味を活かして支援を行うことにより，子どもや家族を支援することとなるのである。特に要保護児童対策地域協議会では，関係機関相互の連携や，役割分担の調整を行う機関を明確にするなどの責任体制を明確化するとともに，個人情報保護の要請と，関係機関における情報共有の在り方を明確化することが重要となる。
　ケースマネジメントは，「インテイク」「アセスメント」「計画」「介入」「モニタリング」「評価・再アセスメント」というプロセスを辿るのが一般的である（東京都社会福祉協議会子ども家庭問題ケースマネジメント研究委員会編　2002：8-10頁）。
　要保護児童対策地域協議会においては，市町村の要保護児童対策地域協議会調整機関が，ケースマネジメントのプロセス全体を統括するケースマネージャーの役割を果たすこととなる。「要保護児童対策地域協議会設置・運営指針」（厚生労働省　2005）では，調整機関の業務は「地域協議会における事務を総括するとともに，要保護児童等に対する支援が適切に実施されるよう，要保護児童等に対する支援の実施状況を的確に把握し，必要に応じて，児童相談所その他の関係機関等との連絡調整を行う」と規定されており，具体的には「地域協議会における事務の総括」「支援の実施状況の進行管理」「関係機関等との連絡調整」の３点が挙げられている。
　要保護児童対策地域協議会調整機関のケースマネージャーとしての役割において，とりわけ重要となるのは「インテイク」「アセスメント」「計画（プランニ

ング)」といった初期段階における対応である。日本における子ども家庭福祉ケアマネジメントの草創期の研究成果である，東京都社会福祉協議会子ども家庭問題ケースマネジメント研究委員会編『子ども家庭問題におけるケースマネジメントの展開と実践』では，ケースマネジメントが適用される条件として，「継続的関わりの必要性がある」「解決すべき複数の課題がある」「他の複数機関との連携の必要性がある」の3点を挙げている。要保護児童対策地域協議会調整機関は，インテイク時において，当該ケースがこの条件を満たしているかどうかをまず確認する必要がある。その上で，多面的な情報収集・分析・統合から，利用者のニーズを明確にして問題解決のための計画段階を導いていく「アセスメント」を行っていくこととなる。

　しかしながら，後述するように，要保護児童対策地域協議会の設置から時を経ていない多くの市町村では，「調整機関」としての役割と，支援者としての「市町村子ども相談担当部署」の役割が混在しているというのが現状である。

3　市町村要保護児童対策地域協議会の状況

❖ 全国における市町村要保護児童対策地域協議会の状況

　本節では，全国における市町村要保護児童対策地域協議会の現状について，厚生労働省の資料を概観しておきたい。

　2009年4月1日現在の時点で，児童福祉法第25条の2に規定する要保護児童対策地域協議会を設置済みの市区町村は，全国1,798市区町村のうち1,663か所（92.5％），児童虐待防止ネットワークを設置済みの市区町村は，92か所（5.1％）となっていた。

　要保護児童対策地域協議会又は児童虐待防止ネットワークを設置済みである市区町村の数及び割合は，1,755か所（97.6％）となっていた（図9-1）。2014（平成26）年4月には99.7％となった。

　次に，都道府県ごとの，要保護児童対策地域協議会又は児童虐待防止ネットワークの設置状況を見て行きたい（表9-1）。福島県は，要保護児童対策地域

第9章　中山間地域における市町村要保護児童対策地域協議会の現状と課題　171

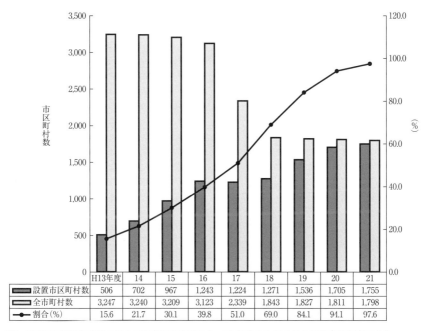

	H13年度	14	15	16	17	18	19	20	21
設置市区町村数	506	702	967	1,243	1,224	1,271	1,536	1,705	1,755
全市町村数	3,247	3,240	3,209	3,123	2,339	1,843	1,827	1,811	1,798
割合(%)	15.6	21.7	30.1	39.8	51.0	69.0	84.1	94.1	97.6

注）平成17年度までは6月1日現在の調査であり，18年度からは4月1日現在の調査である。
平成16年度まではネットワークの設置数及び割合であり，平成17年度からは地域協議会又はネットワークの設置数及び割合である。

図9-1　要保護児童対策地域協議会又は児童虐待防止ネットワークの設置数および割合

出所）市町村の児童家庭相談業務の状況及び要保護児童対策地域協議会（子どもを守る地域ネットワーク）の設置状況等について（平成21年4月現在）

協議会および児童虐待防止ネットワークを合わせて89.8%の設置率であり，全国でワースト3の設置率となっていた。また，児童福祉法第25条の2に規定する要保護児童対策地域協議会に移行せずに，「児童虐待防止ネットワーク」に留まっている市町村が16か所（27.1%）と，これも滋賀県に次ぐ全国ワースト2の数値となっていた（厚生労働省　2009）。

表9-1 都道府県ごとの要保護児童対策地域協議会又は児童虐待防止ネットワークの設置状況

	地域協議会		ネットワーク		全体	
	数	%	数	%	数	%
北海道	167	92.8%	10	5.6%	177	98.3%
青森県	40	100.0%	-	-	40	100.0%
岩手県	35	100.0%	-	-	35	100.0%
宮城県	28	77.80%	8	22.2%	36	100.0%
秋田県	25	100.0%	-	-	25	100.0%
山形県	35	100.0%	-	-	35	100.0%
福島県	37	62.70%	16	27.1%	53	89.8%
茨城県	42	95.5%	1	2.3%	43	97.7%
栃木県	30	100.0%	-	-	30	100.0%
群馬県	36	100.0%	-	-	36	100.0%
埼玉県	70	100.0%	-	-	70	100.0%
千葉県	45	80.4%	10	17.9%	55	98.2%
東京都	58	93.5%	-	-	58	93.5%
神奈川県	33	100.0%	-	-	33	100.0%
新潟県	30	96.8%	-	-	30	96.8%
富山県	13	86.7%	-	-	13	86.7%
石川県	19	100.0%	-	-	19	100.0%
福井県	17	100.0%	-	-	17	100.0%
山梨県	28	100.0%	-	-	28	100.0%
長野県	75	93.8%	1	1.3%	76	95.0%
岐阜県	42	100.0%	-	-	42	100.0%
静岡県	27	73.0%	8	21.6%	35	94.6%
愛知県	61	100.0%	-	-	61	100.0%
三重県	29	100.0%	-	-	29	100.0%
滋賀県	18	69.2%	8	30.8%	26	100.0%
京都府	26	100.0%	-	-	26	100.0%
大阪府	42	97.7%	1	2.3%	43	100.0%
兵庫県	41	100.0%	-	-	41	100.0%
奈良県	27	69.2%	4	10.3%	31	79.5%
和歌山県	27	90.0%	3	10.0%	30	100.0%
鳥取県	19	100.0%	-	-	19	100.0%
島根県	21	100.0%	-	-	21	100.0%
岡山県	27	100.0%	-	-	27	100.0%
広島県	23	100.0%	-	-	23	100.0%
山口県	20	100.0%	-	-	20	100.0%
徳島県	23	95.8%	1	4.2%	24	100.0%
香川県	13	76.5%	3	17.6%	16	94.1%
愛媛県	19	95.0%	1	5.0%	20	100.0%
高知県	34	100.0%	-	-	34	100.0%
福岡県	56	84.8%	7	10.6%	63	95.5%
佐賀県	20	100.0%	-	-	20	100.0%
長崎県	23	100.0%	-	-	23	100.0%
熊本県	47	100.0%	-	-	47	100.0%
大分県	17	94.4%	1	5.6%	18	100.0%
宮崎県	28	100.0%	-	-	28	100.0%
鹿児島県	38	84.4%	4	8.9%	42	93.3%
沖縄県	32	78.0%	5	12.2%	37	90.2%
全国	1,663	92.5%	92	5.1%	1,755	97.6%

設置済み市町村の割合	都道府県数（構成比）
100%	33（70.2%）
80%～99%	13（27.7%）
60%～79%	1（2.1%）
合計	47

出所）市町村の児童家庭相談業務の状況及び要保護児童対策地域協議会（子どもを守る地域ネットワーク）の設置状況等について（平成21年4月現在）

第9章　中山間地域における市町村要保護児童 対策地域協議会の現状と課題

表9-2　全国の市町村における子ども相談担当部署

(上段：該当区分での割合　　下段：市町村数)

	規模区分						合計	参考 (平成20年度)
	人口30万人以上市区	人口10万人以上30万人未満市区	人口10万人未満市区	町	村	指定都市		
①児童福祉主管課	58.5% 38	64.4% 132	55.3% 286	45.6% 365	33.0% 63	10.5% 2	49.3% 886	44.9% 904
②母子保健主管課	− −	1.0% 2	0.2% 1	6.9% 55	6.3% 12	5.3% 1	3.9% 71	3.8% 68
③児童福祉・母子保健総合課	7.7% 5	4.9% 10	5.4% 28	35.3% 283	48.2% 92	15.8% 3	23.4% 421	22.7% 411
④福祉事務所(家庭児童相談室)	24.6% 16	22.0% 45	31.9% 165	0.6% 5	− −	42.1% 8	13.3% 239	13.4% 243
⑤福祉事務所(家庭児童相談室を除く)	1.5% 1	0.5% 1	2.1% 11	− −	1.0% 2	− −	0.8% 15	0.8% 15
⑥保健センター	1.5% 1	− −	0.2% 1	5.6% 45	5.8% 11	− −	3.2% 58	3.2% 58
⑦教育委員会	− −	1.5% 3	3.9% 20	2.9% 23	2.6% 5	− −	2.8% 51	2.7% 48
⑧市設置の保健所	− −	− −	− −	− −	− −	− −	− −	0.1% 1
⑨市設置の児童相談所	− −	0.5% 1	− −	0.5% 1	15.8% 3	− −	0.3% 5	0.2% 3
⑩障害福祉主管課	− −	− −	0.2% 1	1.0% 8	1.0% 2	− −	0.6% 11	0.7% 13
⑪その他	6.20% 4	5.4% 11	0.8% 4	2.1% 17	1.6% 3	10.5% 2	2.7% 41	2.6% 47
合計	100% 65	100% 205	100% 517	100% 801	100% 191	100% 19	100% 1,798	100% 1,811

出所）市町村の児童家庭相談業務の状況及び要保護児童対策地域協議会（子どもを守る地域ネットワーク）の設置状況等について（平成21年4月現在）

❖ 全国における市町村子ども相談担当部署と市町村要保護児童対策地域協議会との関係

前述の通り，2005年の改正児童福祉法施行により，市町村は児童家庭福祉相談の一義的窓口として位置づけられた。表9-2は全国の市町村において，

子ども相談担当部署がどのセクションに設置されているかを表したものである。最も多いのが「①児童福祉主管課」で 49.3%、次が「③児童福祉・母子保健統合課」で 23.4% であった。「④福祉事務所（家庭児童相談室）」「⑤福祉事務所（家庭児童相談室を除く）」は町村における設置が少ないこともあり、「④福祉事務所（家庭児童相談室）」が 13.3%、「⑤福祉事務所（家庭児童相談室を除く）」が 0.8% となっている（厚生労働省　2009）。

表 9-3 は、要保護児童対策地域協議会の調整機関の役割を、市町村のどのセクションが担っているのかを示した表である。こちらも、最も多いのが「児童福祉主管課」で 54.5%、次が「児童福祉・母子保健統合課」で 26.2% であった。「福祉事務所（家庭児童相談室）」は 7.8%、「福祉事務所（家庭児童相談室を除く）」は 1.9% に留まっている（厚生労働省　2009）。

市町村子ども相談担当部署と、市町村要保護児童対策地域協議会調整機関との違いについて、加藤・安部らは、次のように論じている。市町村子ども相談担当部署は、母子保健、健全育成を含めた地域における子ども家庭に対する支援を広く担当する部署であり、当該部署に所属する保健師や相談員は、直接的な支援を行う役割をもっている。一方、市町村要保護児童対策地域協議会調整機関は、「『要保護』と判断されたケースが調整機関（事務局）に寄せられると、児童相談所と連携をとりながら関係機関を含めた支援ネットワークをつくるのが仕事であり、直接支援を行うことはないのが原則」である（加藤・安部編 2008：193）。

したがって、「直接支援」と「関係機関の連携支援」の 2 つの機能を明確に分離させることが望ましいが、現実には 9 割の自治体ではこの 2 つの機能が混在している状態である。この点は、今後の市町村要保護児童対策地域協議会の展開を考える上で、大きな課題と考えられる。

❖ 会津管内における市町村要保護児童対策地域協議会の状況

続いて、2009 年 12 月 1 日現在における福島県内の要保護児童対策地域協議

第 9 章　中山間地域における市町村要保護児童対策地域協議会の現状と課題

表 9 - 3　要保護児童対策調整機関の指定

(平成 21 年 4 月 1 日現在)

		規模区分						合計	参考(平成20年度)
		人口30万人以上市区	人口10万人以上30万人未満市区	人口10万人未満市区	町	村	指定都市		
地域協議会設置数(平成21年4月1日)		64	200	499	721	161	18	1,633	1,532
児童福祉主管課	数	42	147	320	348	44	6	907	886
	%	65.6%	73.5%	64.1%	48.3%	27.3%	33.3%	54.5%	57.8%
母子保健主管課	数	−	−	5	18	4	−	27	23
	%	−	−	1.0%	2.5%	2.5%	−	1.6%	1.5%
児童福祉・母子保健総合主管課	数	8	10	37	289	87	5	436	383
	%	12.5%	5.0%	7.4%	40.1%	54.0%	27.8%	26.2%	25.0%
福祉事務所(家庭児童相談室)	数	10	25	88	3	2	1	129	100
	%	15.6%	12.5%	17.6%	0.4%	1.2%	5.6%	7.8%	6.5%
福祉事務所(家庭児童相談室を除く)	数	1	1	28	−	2	−	32	24
	%	1.6%	0.5%	5.6%	−	1.2%	−	1.9%	1.6%
保健センター	数	−	1	1	10	2	−	14	13
	%	−	0.5%	0.2%	1.4%	1.2%	−	0.8%	0.8%
教育委員会	数	−	3	13	24	8	−	48	34
	%	−	1.5%	2.6%	3.3%	5.0%	−	2.9%	2.2%
市設置の保健所	数	−	−	−	−	1	−	1	2
	%	−	−	−	−	0.6%	−	0.1%	0.1%
児童相談所	数	−	−	−	4	2	3	9	11
	%	−	−	−	0.6%	1.2%	16.7%	0.5%	0.7%
障害福祉主管課	数	−	−	1	5	1	−	7	9
	%	−	−	0.2%	0.7%	0.6%	−	0.4%	0.6%
その他	数	3	13	6	20	8	3	53	47
	%	4.7%	6.5%	1.2%	2.8%	5.0%	16.7%	3.2%	3.1%
合計	数	64	200	499	721	161	18	1663	1532
	%	100.0%	100.0%	100.0%	100.0%	100.0%	100.0%	100.0%	100.0%

出所) 市町村の児童家庭相談業務の状況及び要保護児童対策地域協議会 (子どもを守る地域ネットワーク) の設置状況等について (平成 21 年 4 月現在)

会等の設置状況を見ていきたい。表 9 - 4 では，2002 (平成 14) 年度からの福島県内における，要保護児童対策地域協議会等の設置状況の推移が確認できる。会津児童相談所管内の 2 市 15 町村の，要保護児童対策地域協議会等の設置は

表9-4　福島県内の要保護児童対策地域協議会等の設置状況
（H21年12月1日現在）

設置済み			設置済み			未設置（児相別）		
年度	市町村名	区別	年度	市町村名	区別	管内	市町村名	設置予定
14	郡山市	法定	19	西会津町	法定	中央	国見町	21年度
15	福島市	法定		葛尾村	法定	会津	北塩原村	21年度
	須賀川市	法定		浅川町	法定		磐梯町	21年度
	飯野村	任意		平田村	法定		昭和村	21年度
	会津若松市	任意		喜多方市	法定	浜	大熊町	21年度
	楢葉町	任意		塙町	法定		双葉町	未定
16	鏡石町	任意		飯舘村	法定			
	西郷村	任意		鮫川村	法定			
	いわき市	法定		桑折町	任意			
17	二本松市	任意	20	柳津町	法定	○18年度末現在 設置市町村40（うち法定22，任意18） 設置率　66.7%		
	川俣村	法定		猪苗代町	法定			
	天栄村	法定		会津坂下町	法定			
	石川町	任意	21	金山町	法定	○19年度末現在 設置市町村49（うち法定30，任意19） 設置率　81.7%		
	小野町	任意		三島町	法定			
	白河市	法定		法定	41			
18	浪江町	任意		任意	12	○20年度末現在 設置市町村51（うち法定36，任意15） 設置率　86.4% 〈会津児童相談所管内〉 設置市町村12（うち法定10，任意2） 設置率　70.6%		
	南相馬市	法定		計	53			
	古殿町	法定						
	泉崎村	法定						
	矢祭町	法定						
	伊達市	法定						
	矢吹町	法定						
	田村市	法定						
	富岡町	法定						
	大玉村	法定						
	中島村	法定						
	棚倉町	法定				○21年12月1日現在 設置市町村53（うち法定41，任意12） 設置率　89.8% 〈会津児童相談所管内〉 設置市町村14（うち法定13，任意1） 設置率　82.4%		
	会津美里町	法定						
	三春町	法定						
	相馬市	法定						
	下郷町	法定						
	玉川村	法定						
	只見町	法定						
	広野町	任意						
	檜枝岐村	法定						
	本宮市	法定						
	湯川村	法定						
	南会津町	法定						
	川内村	任意						
	新地町	任意						

※網かけ表示が会津児相管内の市町村である。
出所）福島県の資料をもとに鈴木が加筆して作成。

遅く，2008年度末で，設置市町村12，設置率70.6%という状況であった。

　2009年度に2つの町において，要保護児童対策地域協議会が設置され，設置率は82.4%となった。未設置の町村は，北塩原村・磐梯町・昭和村となっている。2009年12月に実施された「平成21年度市町村児童相談体制強化実践研修（後期）」時の情報交換会では，2008年度の要保護児童対策地域協議会における相談受付件数は，会津若松市の304件（相談のべ件数）から，喜多方市等の10～20件で推移する自治体，さらに10件以下の件数の自治体に分かれていることがわかった。また，ほとんどの自治体では，要保護児童対策地域協議会調整機関に専任職員が置かれていないことも明らかとなった。

4　会津管内における市町村要保護児童対策地域協議会の課題

❖ 全国における市町村要保護児童対策地域協議会の課題

　加藤曜子（2008）は，2004（平成16）年に実施した子どもの虹研修センターにおける虐待防止ネットワーク全国研修において，受講者にアンケート調査を行い，虐待防止ネットワークの「立ち上げ前」および「立ち上げ後」の課題を抽出した。

　まず，「立ち上がっていない地域の課題」としては，「立ち上げプロセスで悩む」「人口が多い場合のネットワークの組み方」「ネット必要性への認識のばらつき」「上司不理解」「子育てネットがあるのでどう関係づけていくか」「事務局負担への不安，誰が担当するか」「予算削減で専門職が雇えない」「虐待の認識のばらつきからくる不安」「虐待実態がわからないままの不安」「機関連携の問題：民生児童委員，私立幼稚園，医師」「児童相談所との関係，協力が得られるか」「ネットワーク立ち上げ後の運営の仕方」が挙げられていた。

　加藤は，ネット設置の必要性に関する認識の問題，児童相談所との連携について問題がある地域があることを指摘し，また虐待対応への温度差や運営への不安等は，人口数にかかわらず共通の意見として出されていると論じている。一方，町単位で予防的なネットワークができている地域では，「人口が少ない

場合にはネットがなくても困らない」という回答があったと述べている。さらに、「立ち上げ後の課題」としては、「ネットワークそのものの不理解」「上司不理解」「事務局が多忙な人員体制で、どこがすべきか再考」「虐待認識に差がある」「機関連携に工夫：児童相談所、児童委員」「会議の開き方の工夫」「スーパーバイザーや全体のスキルアップ」「どこまでが市町村の仕事か」「啓発活動、子育て支援の関連づけ」「合併問題」が挙げられていた。

加藤は、ここから、「マンパワーの問題」「ネットワークの意義と形骸化」「会議の運営の仕方」「機関連携やスーパーバイザーについて」「児童相談所との連携」の5課題を共通問題として抽出した。この加藤のまとめは、2005年度に要保護児童対策地域協議会が法定化される直前の「児童虐待防止市町村ネットワーク事業」時代のアンケート結果であった。その後、2007年4月には、要保護児童対策地域協議会の設置は「努力義務」とされる等、設置の必要性の認識に関する「ばらつき」は生じない状況になってきていると考えられるであろう。

しかし、ここでの指摘は、会津管内における市町村要保護児童対策地域協議会の課題に重なる部分が多いと筆者は感じている。

❖ 会津管内における市町村要保護児童対策地域協議会の課題

2008年3月から、筆者は、市町村児童相談体制強化支援アドバイザーの委嘱を受け、市町村の児童相談担当者等に対する助言指導を行ってきた。2009年12月現在では、市町村要保護児童対策地域協議会が設置された市町村も含め、要保護児童対策地域協議会未設置の市町村に対して、筆者は、要保護児童対策地域協議会設置に向けての助言指導および設置に向けての進捗状況に関するヒアリングを行ってきた。また、筆者は、2007年7月から、福島県児童虐待対応専門員として、市町村児童相談体制強化実践研修の講師や情報交換会のコメンテーターをしている。

以下、市町村におけるヒアリングや、市町村児童相談体制強化実践研修時の情報交換会における質疑応答などから浮かび上がってきた会津管内における市

町村要保護児童対策地域協議会の課題を整理していきたい。

① 設置の遅れ

　自治体によって抱えている問題は異なるものの，「マンパワーの不足」については多くの市町村において耳にすることとなった。特に，異動の多い一般行政職が担当である場合，熱心な担当者が異動してしまうと，途端に進捗状況が停滞するということが多く生じているようであった。

　また会津管内でも過疎化や少子化・高齢化の進行がいちじるしい地方部に位置する小規模な自治体では，子どもや世帯の様子はほぼ把握できてしまっている，さまざまな「ネットワーク」活動があるが，新規に立ち上げてもそれに参加して活動できる住民が限られているため余計な負担を増やすことに繋がるだけ，という指摘もあった。

　一方で，児童虐待防止法だけではなく，DV防止法，高齢者虐待防止法を併せた，いわゆる「虐待防止三法」に則った「虐待防止ネットワーク」に要保護児童対策地域協議会を位置づけ，小規模な自治体の特性を逆に活かす形で，地域協議会の活動を進めるように工夫している自治体も出てきている。「マンパワー不足」という現状の中で，地域福祉を展開するための施策として，注目に値する実践として評価できると筆者は考えている。

② 設置後の活用の不活発さ

　2009年12月に実施された「平成21年度市町村児童相談体制強化実践研修（後期）」時の情報交換会における各市町村からの報告によると，2009年に設置されたばかりの金山町・三島町，未設置の3町村を除いても，相談対応件数が4件以下の自治体は6ヵ所となることが明らかとなった。設置後の活用が極めて不活発である様子が伺える。

　設置後の活用が不活発である背景には，いくつかの要因が考えられる。ひとつは，要保護児童対策地域協議会の対象となるような，複数のニーズがあ

りケースマネジメントの手法を用いて多機関・施設との連携の下に対応をする必要があるケースが，実態として少数であるということが考えられる。この要因に関しては，他の地方部要保護児童対策地域協議会における活動実態と比較しながら検討を進める必要があると思われる。

　二つめの要因として，保育所・幼稚園・小学校・中学校・高等学校をはじめとした関連施設・機関の代表者や担当者に，要保護児童対策地域協議会設置の意義が十分に理解されておらず，これまで通り，施設や機関においてケースを抱え込んでしまっていることが考えられる。この要因に関しては，仮に要保護児童対策地域協議会における相談対応件数が少なくとも，年に最低1回の代表者会議を開催し，要保護児童対策地域協議会設置の意義の浸透を図りながら，ケースが挙がった際の連携体制の準備を，十全に行っておく必要があると考えられる。

　三つめの要因は，前掲の要因にも関連することであるが，要保護児童対策地域協議会において，支援対象の子どもと家族のニーズを充足するケースマネジメントの実際を知り，関連施設・機関の担当者がその効果を実感することができれば，相談対応件数が増加することが考えられる。そのためには，まず要保護児童対策地域協議会事務局の担当者が，研修等の受講を通じてケースマネージャーとしての専門性を高めることにより，関連施設・機関からの信頼性を得ることが必要になる。また，模擬ケースを使ったケースマネジメント演習等も効果的であろう。

③　児童相談所との連携／スーパーバイズ体制の構築
　地方部の会津児童相談所管内においては，かつては児童相談所に丸投げできたケースが，要保護児童対策地域協議会の設置において，市町村対応に委ねられるケースも出てきている。特に虐待ケースに関して，関連施設・機関がともすれば安易に子どもの「一時保護」を求めることがあり，児童相談所サイドが「しばらくは要保護児童対策地域協議会において見守りを行って欲

しい」と要求した場合，要保護児童対策地域協議会事務局の担当者が「板ばさみ」に会うケースも少なくない。

「一時保護」の権限等，児童相談所だけが持つ権限をめぐって，児童相談所（県）と市町村の間に不信感が生じることもある。双方の事情を理解しあった上での連携体制の構築や，第三者的立場からのスーパーバイズ体制の充実が求められる。

5 会津管内における市町村要保護児童対策地域協議会の課題への対応

本章では，前章で挙げた会津管内における市町村要保護児童対策地域協議会の課題への対応として，主に筆者の，福島県虐待対応専門員および市町村児童相談体制強化支援アドバイザーとしての活動について論じていくこととする。

❖ 福島県虐待対応専門員としての筆者の活動

前述の通り，筆者は，2007年度より福島県虐待対応専門員の委嘱を受け，主に福島県会津児童相談所を中心に「児童相談所で扱う虐待ケースへの法的対応に関する助言指導」「児童養護施設における入所児童処遇に関するスーパーバイズ」「その他児童相談所等における業務に関する助言等」を行ってきた。特に要保護児童対策地域協議会の課題に対しては，児童相談所の研修業務である「市町村児童相談体制強化実践研修」の研修会講師という立場から，市町村児童相談対応職員の専門性を向上させるための講義・演習を行ってきている。

① 2007年7月　平成19年度市町村児童相談体制強化実践研修（前期）講演「市町村と児童相談所の望ましい連携のあり方」
〈概要〉 2005年4月に改正児童福祉法が施行された。今改正では，市町村を児童家庭福祉相談の一義的窓口として位置づけ，児童相談所は，市町村が行う児童家庭福祉相談の後方支援を行うこととされた。また，主に市町村において児童家庭福祉相談対応を行う対応機関として「要保護児童対策地域協

議会」が法定化された（児童福祉法第25条の2）。しかしながら，会津管内2市15町村の要保護児童対策地域協議会等設置の進捗状況は遅く，また設置されていても活用状況は思わしくない。本講演では，市町村の担当者に対して，要保護児童対策地域協議会設置の意義および同協議会における援助方法論である「ケースマネジメント」について解説を行った。（聴衆：会津児童相談所管内の市町村子ども家庭相談担当者約50名）

② 2008年7月　平成20年度市町村児童相談体制強化実践研修（前期）講演「ジェノグラムの描き方・読み方――市町村要保護児童対策地域協議会の相談援助技術の基礎――」
〈概要〉　子どもや家族を支援するためには欠くことのできないマッピング技法のひとつとしてジェノグラムがある。しかしながら，児童相談所職員や市町村子ども家庭相談担当者であっても，ジェノグラムの描き方に慣れておらず，またジェノグラムの読み込みを元にした援助方針の「見立て」の方法を知らない職員も多い。本講演では，ジェノグラムの描き方・読み方を演習形式で学びながら，市町村要保護児童対策地域協議会における相談援助技術の基礎力養成を行った。（聴衆：会津児童相談所管内の市町村子ども家庭相談担当者約50名）

③ 2009年12月　平成21年度市町村児童相談体制強化実践研修（後期）講演「相談受理から初回会議の招集まで　――市町村要保護児童対策地域協議会における相談援助技術の実際――」
〈概要〉　会津児童相談所管内においても，2009年12月現在数ヵ所の市町村を除いて，市町村要保護児童対策地域協議会が設立され，また市町村児童家庭福祉相談の件数も増加しつつある。今回は，仮想ケースを元に相談受理から初回会議の招集までの演習を行うことにより，市町村要保護児童対策地域協議会における，相談援助技術に関する実践的な研修を行った。（聴衆：会津

第9章　中山間地域における市町村要保護児童 対策地域協議会の現状と課題　　183

児童相談所管内の市町村子ども家庭相談担当者約 50 名)

　「市町村児童相談体制強化実践研修」に関しては，2008 年度の研修以降，社会福祉援助技術（主にケースマネジメントに関連するものについて）の向上をねらいとした演習を中心に据えてきた。
　特に 2009 年度の研修では，「① 相談受理・相談・通告受付票の作成」「② 受理会議の開催」「③ 基礎的調査の展開・ジェノグラム・エコマップの作成」「④ ケース検討会議招集準備・参集機関の選定・日程調整・ケース検討会議用資料の作成・調整機関サイドとしての見立て案の作成」といった相談受理から，初回会議の招集までの流れを演習にて体験するプログラムを実施した。会津管内の市町村では，要保護児童対策地域協議会における相談対応件数が多い自治体と少ない自治体の差が激しい。そのため，相談対応件数が多い自治体にとっては，日常の業務を振り返りながら実践上のコツを他の自治体に伝える機会となり，また要保護児童対策地域協議会を設置したばかりの自治体や未設置の自治体にとっては，要保護児童対策地域協議会の事務局業務の実際を学ぶための実践的な演習の機会となった。

❖ 市町村児童相談体制強化支援アドバイザーとしての筆者の活動

　2008 年 3 月から，筆者は，市町村児童相談体制強化支援アドバイザーの委嘱を受け，市町村の児童相談担当者等に対する助言指導を行っている。市町村児童相談体制強化支援アドバイザーとして，筆者が行ってきた活動は次の通りである。

①　2008 年 3 月　要保護児童対策地域協議会設置のための助言・指導および状況確認（猪苗代町・会津坂下町・磐梯町・昭和村）

②　2009 年 1 月　下郷町要保護児童対策地域協議会講演「要保護児童対策

地域協議会の効果的活用」
〈概要〉 2005年4月に改正児童福祉法が施行された。今改正では，市町村を児童家庭福祉相談の一義的窓口として位置づけ，児童相談所は，市町村が行う児童家庭福祉相談の後方支援を行うこととされた。また，主に市町村において児童家庭福祉相談対応を行う対応機関として「要保護児童対策地域協議会」が法定化された。

　しかしながら，下郷町では，要保護児童対策地域協議会は設置されているものの，全く活用がされていない状況である。

　本講演では，要保護児童対策地域協議会の代表者会議メンバーに対して，要保護児童対策地域協議会設置の意義および同協議会における援助方法論である「ケースマネジメント」について解説を行った。（聴衆：下郷町要保護児童対策地域協議会代表者会議メンバー約20名）

③　2009年11月　金山町総合福祉ネットワーク協議会第1回代表者会議講演「福祉をめぐる課題と地域が果たす役割について」
〈概要〉 2000年の児童虐待防止法，2001年のDV防止法，そして2006年の高齢者虐待防止法を「虐待防止三法」と呼ぶ。現代日本の家族は，これらの法律によって守られなければ家庭内暴力を防止することができない「虐待防止三法時代の家族」になったということができる。

　本講演では，各法制定の経緯，各法の概要，および各法が防止対象とする家庭内暴力現象を解説し，市町村要保護児童対策地域協議会において，これらの問題を抱える家族をどのように支援していくべきかについて議論した。
（聴衆：金山町総合福祉ネットワーク協議会第1回代表者会議参加者16名）

　市町村児童相談体制強化支援アドバイザーとしては，2008年3月の要保護児童対策地域協議会設置のための助言・指導および状況確認以降は，市町村要保護児童対策地域協議会における講演が主となっている。

下郷町では，要保護児童対策地域協議会を設置したものの，活用が活発でない現状の中で，関連する機関・施設に要保護児童対策地域協議会の意義を伝えるための講演となった。一方，金山町では，児童福祉法に規定される要保護児童対策地域協議会のみならず，障害者自立支援法および高齢者虐待防止法における，相談支援の機能を兼ねた総合的な福祉ネットワーク協議会である。初回の代表者会議講演に相応しい内容として，地域や家族の変化の中で「虐待防止三法」が必要になってきた時代背景の解説，そして「虐待防止三法」各法の説明を踏まえ，地域支援の意義を伝える内容の講演を行った。

6　今後のケースマネジメント

2005年4月の改正児童福祉法により，「市町村」は，児童家庭福祉相談の一義的窓口として位置づけられ，児童相談所は，市町村が行う児童家庭福祉相談の後方支援を行うこととされた。また，主に市町村において，児童家庭福祉相談を行う対応機関として「要保護児童対策地域協議会」が法定化された。要保護児童対策地域協議会は，1996年からの厚生省「児童虐待ケースマネジメントモデル事業」および2000年からの厚生省「児童虐待防止市町村ネットワーク事業」の実績に基づいて法定化されてきた。そのため，児童相談所児童福祉司等が行う「ケースワーク」とは異なり，地域での生活を希望する複合的なニーズを持つ利用者に対して，フォーマルおよびインフォーマルなサービスや支援のネットワークを組織化し，調整し，維持するための社会福祉援助技術である「ケースマネジメント」が主たる援助方法となっている。

2009年4月1日現在の時点で，要保護児童対策地域協議会等の設置数および設置率は，1,755か所（97.6％）となっている。しかしながら，会津児童相談所管内の設置率は2009年12月現在で82.4％と低い数値に留まっている。また，会津児童相談所管内の市町村では，設置された要保護児童対策地域協議会等の活用が十分に進んでいないという実態が存在する。この背景には，① 市町村の担当者の異動，過疎化や少子化・高齢化の進行によりさまざまなネット

ワークの参加者が固定してしまうこと，スーパーバイザーの不在等といった「マンパワー不足」による要保護児童対策地域協議会設置の遅れ，② 要保護児童対策地域協議会に適合するケース数の少なさ，関連施設・機関からの，要保護児童対策地域協議会設置意義の理解不十分，要保護児童対策地域協議会事務局の，担当者の信頼性の不足等を要因とする要保護児童対策地域協議会活用の不活発さ，③ 市町村と児童相談所の双方の，連携体制構築上の問題や，第三者的立場からのスーパーバイズ体制の薄さ等の中山間地域特有の問題が背景にあると考えられる。

　筆者は，福島県児童虐待対応専門員および市町村児童相談体制強化支援アドバイザーとして，市町村児童相談体制強化実践研修会の講師や，要保護児童対策地域協議会代表者会議等における講演会講師としての活動を通じて，上記の問題点を改善するための取り組みを続けてきた。2008年度に，福島県児童虐待対応専門員および市町村児童相談体制強化支援アドバイザーの委嘱を受けた時点では，まず要保護児童対策地域協議会の設置を促進することが最重要課題であった。しかし，2009年12月現在では，未設置町村は3か所となり，最低限の課題は達成されつつあると評価することができるであろう。そして，会津児童相談所管内における要保護児童対策地域協議会の課題は，設置はしたものの活用がなされていないという状況を打開し，また一般行政職が多い事務局職員の専門性を，どのように高めるかという方向にシフトしつつあるといえる。福島県児童虐待対応専門員，および市町村児童相談体制強化支援アドバイザーという実践者としての立場から，また研究者としての立場から，筆者は，今後の課題を次のように考えている。

　① 福島県児童虐待対応専門員としては，市町村児童相談体制強化実践研修会の講師として，初回会議招集後の要保護児童対策地域協議会の進め方に関する具体的な演習プログラムを作成し，さらに具体的かつ実践的な研修会を実施することが課題である。一方，市町村の担当者の異動も激しいことから，基礎的なプログラムと応用的なプログラムの併行的な実施につい

ても検討が必要になるだろうと感じている。
② 市町村児童相談体制強化支援アドバイザーとしては，現時点までに実施している代表者会議等の講演内容をさらに理解しやすいものに仕上げ，関連機関・施設の職員の，要保護児童対策地域協議会設置の意義の理解を深めていく必要があるだろう。また，要保護児童対策地域協議会の個別ケース会議等には，児童相談所の地区担当児童福祉司が参加し，スーパーバイザー役を担うことが多いが，求めがあれば筆者も，第三者的な立場で個別ケース会議に参加していきたいと考えている。
③ 研究者としては，本章では，市町村におけるヒアリングや，市町村児童相談体制強化実践研修時の情報交換会における質疑応答などから浮かび上がってきた，会津管内における市町村要保護児童対策地域協議会の課題をまとめたに過ぎないが，今回のまとめを元に質問項目等を整備し，特に地方部における要保護児童対策地域協議会の課題について，比較調査等も実施していきたいと考えている。

〈謝辞〉

筆者の，福島県児童虐待対応専門員および市町村児童相談体制強化支援アドバイザーとしての活動を支えていただいている，福島県会津児童相談所の先生がた，筆者のつたない講演や研修を受けながら，日々地域における子ども家庭福祉の向上に取り組み，また，さまざまな課題の存在を教えてくれる市町村の先生がたに感謝の意を表します。

〈参考文献〉

福富昌城（2000）「研究の方法と経過」社団法人日本社会福祉士会・ケアマネジメント研究会障害者班編『障害のある人のケアマネジメントに関する研究報告書』
柏女霊峰編（2005）『市町村発子ども家庭福祉 ——その制度と実践——』ミネルヴァ書房。
加藤曜子編（2005）『市町村児童虐待防止ネットワーク——要保護児童対策地域協議会へ——』日本加除出版。
加藤曜子（2008）「要保護児童対策地域協議会への移行期における課題」『流通科学大学論

集――人間・社会・自然編――』Vol.20, No. 2：63-77。
加藤曜子・安部計彦編（2008）『子どもを守る地域ネットワーク活動実践ハンドブック』 中央法規。
加藤曜子（2009）「要保護児童対策地域協議会（子どもを守る地域ネットワーク）のための共通アセスメントシートと合同研修の効果」『流通科学大学論集――人間・社会・自然編――』Vol.21, No. 2：115-126。
厚生労働省（2005）『子ども・家族の相談援助をするために――市町村児童家庭相談援助指針／児童相談所運営指針――』日本児童福祉協会。
厚生労働省（2009）「市町村の児童家庭相談業務の状況及び要保護児童対策地域協議会（子どもを守る地域ネットワーク）の設置状況等について（平成21年4月現在）」
芝野松次郎編（2001）『子ども虐待ケース・マネジメント・マニュアル』有斐閣。
澁谷昌史（2008）「市町村子ども家庭福祉相談実施体制の抱える課題――家庭相談員の抱える困難状況を手がかりとして」『関東学院大学文学部紀要』No.114：109-125。
鈴木崇之（2000）「ケアマネジメント実践記録様式・知的障害者版試作版について」社団法人日本社会福祉士会・ケアマネジメント研究会障害者班編『障害のある人のケアマネジメントに関する研究報告書』：51-57。
鈴木崇之（2001）「知的障害者ケアマネジメントの現状と課題 ――日本社会福祉士会ケアマネジメント研究会における検討を通じて――」武庫川女子大学人間学研究会『人間学研究』第16号：39-49。
鈴木崇之（2006）「沖縄県近海離島における次世代育成支援――地域子育て支援を中心に――」平成15年度～平成17年度科研費研究成果報告書『過疎化・超高齢化に直面する沖縄「近海離島」における持続的発展モデルの構築――戦後沖縄の離島社会における社会変動に関する環境史的研究――』：191-223。
鈴木崇之（2007）「文献研究」『地域における非行対策推進に関する研究』（財団法人こども未来財団・平成18年度児童関連サービス調査研究等事業報告書）：125-132。
鈴木崇之（2008）「要保護児童対策地域協議会における非行ケースマネジメント事例――ギャルサークルに加入する女子少年に対する地域支援――」『地域における非行対策推進に関する研究Ⅱ――要保護児童対策地域協議会における非行問題対応ガイドライン策定に向けて――』（財団法人こども未来財団・平成19年度児童関連サービス調査研究等事業報告書）：101-108。
東京都社会福祉協議会子ども家庭問題ケースマネジメント研究委員会編（2002）『子ども家庭問題におけるケースマネジメントの展開と実践』 東京都社会福祉協議会。

〈初出一覧〉

第1章　社会的養護の理念と概況
　　　書き下ろし

　コラム1　芹沢俊介の「イノセンス論」
　　　　上野加代子・小木曽宏・鈴木崇之・野村知二編（2002）『児童虐待時代の福祉臨床学——子ども家庭福祉のフィールドワーク——』明石書店

第2章　社会的養護の歴史と現状
　　　大島侑監修・遠藤和佳子・谷口純世・松宮満編（2009）『養護原理（シリーズ・はじめて学ぶ社会福祉④）』ミネルヴァ書房

第3章　社会的養護の制度と法体系
　　　書き下ろし

第4章　社会的養護の仕組みと実施体系
　　　書き下ろし

　コラム2　「こうのとりのゆりかご」に入れられた子どもはその後どうなるのか？
　　　　高橋儀平・菊池義昭・小林英義・大迫正文・繁成剛編（2013）『ライフデザイン学』誠信書房

第5章　児童相談所児童福祉司のロールモデル——野本三吉と川﨑二三彦——
　　　上野加代子・小木曽宏・鈴木崇之・野村知二編（2002）『児童虐待時代の福祉臨床学——子ども家庭福祉のフィールドワーク——』明石書店

　コラム3　ライフヒストリーを読む／ライフヒストリーを創る
　　　　頌栄短期大学図書館『図書館報』第32号（2006年12月）

第6章　事例とともに理解する社会的養護への措置
　1　児童相談所の措置機能と児童相談所一時保護所における支援
　　　　小木曽宏・宮本秀樹・鈴木崇之編（2007）『よくわかる養護内容・自立支援』ミネルヴァ書房
　2　児童養護施設への措置と被措置児童の家族への支援
　　　　小木曽宏・宮本秀樹・鈴木崇之編（2012）『よくわかる社会的養護内容』ミネルヴァ書房

3　児童自立支援施設へ措置された少年に対する支援
　　　堤荘祐編（2008）『―実践から学ぶ―子どもと家庭の福祉』保育出版社
   4　母子生活支援施設を活用した母子支援
　　　成清美治・加納光子・久保美紀編（2005）『新版 社会福祉援助技術』学文社
   5　里親家庭の子どもと里親への支援
　　　喜多祐荘・小林理編（2005）『よくわかるファミリーソーシャルワーク』ミネルヴァ書房

第7章　被措置児童の「教育福祉」と「措置変更」の問題
　　　『教育の臨界――教育的理性批判――』刊行委員会編（2005）『教育の臨界――教育的理性批判――』情況出版

　コラム4　地震・津波・放射性物質汚染の三重苦の中から
　　　季刊『児童養護』Vol.42, No.3（2012年2月）

第8章　求められている養育・支援者の資質と役割
　　　相澤仁・松原康雄編（2013）『やさしくわかる社会的養護　第2巻　子どもの権利擁護と里親家庭・施設づくりと養育・支援する人づくり』明石書店

第9章　中山間地域における市町村要保護児童対策地域協議会の現状と課題――福島県会津児童相談所管内を例として――
　　　会津大学短期大学部『研究年報』第67号（2010年3月）

むすびにかえて

　親から熱湯を浴びせられ半身がただれる程のやけどで一時保護所に来た子どもの凍り付いたような瞳，心理的虐待のために5歳児なのに2歳児程度の発達段階であった子どもが一時保護所で見せてくれたキャッチアップ現象，第6章のケースのように母親と弟のことを考えて精一杯大人びたふるまいをしようとする女の子，里親や施設担当者に見捨てられて一時保護所の園庭で悲しみに覆い尽くされた背中を見せてくれた子ども，学習ボランティアとして関わっていた児童養護施設の子どもが見せてくれた成績が伸びた時の満面の笑み……。
　社会的養護のもとで生活する子どもたちのこのようなリアリティを表現したいのだが，まだまだ現在の筆者の力量では及ばない。
　そのようなレベルの文章であるが，並べて読み返してみると，「子どもの措置変更をどうにかしたいという想いがあるんだろうなあ」とか，「社会的養護の中で生きることになった子どもが，その経験を前向きに意味づけることができるためにはどんな支援が必要なのか考えたいんだろうなあ」とか，自分はそんなことに延々とこだわり続けて来ているのだということに改めて気づかされることとなった。
　これらのテーマに正面から向き合って紡ぐ文章は，もうちょっとお待ちいただきたい。いつか，必ず，形にしたい。
　勤務先変更と共に全国を転々と歩み，研究とフィールドワーク充実を目指しながら，今日まで生きてきた。「彼は何がやりたいのかわからない」，そういう風に評価されているという話も，何度も耳にした。そんな中でも，まだ形にしきれない何かを形にできる日まで，応援してくれる人々の支えのなかでやってくることができた。

おひとりおひとりの名前をあげることはできませんが，本書に掲載したものの初出書に執筆のチャンスを支えていただき，かつ駄文を掲載可能なレベルまで修正いただいた多くの先生がたにまずは感謝します。
　加藤彰彦（野本三吉）先生，小木曽宏先生，渡真利源吉先生，川﨑二三彦先生，まだまだ足りないことだらけの私ですが，今後もお導きください。
　明治学院大学の学部学生時代からの友人である学文社営業部の松尾陽一郎くんは，関東から離れて漂流する筆者を陰から支え続けてくれました。
　田中千津子社長には，まとまりのない私の文章をまとめて，初の単著とするチャンスを与えていただきました。
　そして，今まで社会的養護の現場で出会った子どもたち，先輩・後輩の職員の皆さま，ありがとうございました。本書をきっかけに，さらに次のステップで恩返しできるようにがんばっていきます。

2015年3月

45歳を迎えた朝に
鈴木　崇之

索　引

あ　行

石井十次　21, 26, 27, 36, 37, 39, 71
イノセンス　137, 138
イノセンス論　17-19
瓜生岩　21, 24, 26, 37

か　行

川﨑二三彦　71, 73, 77, 81, 83, 84
ケンプ, H.　35
こうのとりのゆりかご　67-70
コルチャック, J.　32, 33, 37, 39

さ　行

児童福祉施設最低基準　34, 50, 152
準ずる教育　131-132
芹沢俊介　17-19, 137, 140
セルフヘルプ・グループ　115
措置変更　56, 68, 138

た　行

留岡幸助　21, 29, 37, 71, 130

な　行

野本三吉　71, 73, 81, 83-85

は　行

パーマネンシー／パーマネンシー・プランニング（永続性計画）38, 57, 138
パレンス・パトリエ　41, 44, 45
反省的実践家　153
ハンナ・アレント　135, 136
東日本大震災　141-145
フーコー, M.　136
フォスターケア・ドリフト　35, 57
フラナガン, E. J.　34
プレパレーション（心理的準備）　156
ボウルビィ, J.　34
ホスピタリズム　21, 34, 36, 37

ま　行

マズロー, A. H.　4-7, 16

ら　行

リービングケアとアフターケア　58
ルイス・デ・アルメイダ　21, 23, 39
レスパイト／レスパイトケア　115, 159

〈著者略歴〉

鈴木崇之(すずき たかゆき)

現　　職　東洋大学ライフデザイン学部生活支援学科子ども支援学専攻准教授
　　　　　明治学院大学大学院社会学・社会福祉学研究科博士後期課程単位取得退学
　　　　　武庫川女子大学文学部人間科学科助手，沖縄大学人文学部福祉文化学科実習助手，頌栄短期大学保育科専任講師，会津大学短期大学部社会福祉学科専任講師などを経て，2012年より現職

主　　著　『日本の児童相談——先達に学ぶ援助の技——』（共編著，2010年，明石書店）『よくわかる社会的養護内容』（共編著，2012年，ミネルヴァ書房）他多数

児童虐待時代の社会的養護

2015年3月31日　第一版第一刷発行

著　者　鈴　木　崇　之
発行所　株式会社　学　文　社
発行者　田　中　千津子

東京都目黒区下目黒 3-6-1　〒153-0064
電話 03 (3715) 1501　振替 00130-9-98842
http://www.gakubunsha.com

© 2015 Suzuki Takayuki
Printed in Japan

乱丁・落丁は，本社にてお取替え致します。
定価は，カバー，売上カードに表示してあります。
印刷所　倉敷印刷㈱　　　　　　　検印省略

ISBN978-4-7620-2538-9